鎌田　慧著

反骨のジャーナリスト

岩波新書

808

はじめに──ペンは眠らない

「反骨のジャーナリスト」というのには、じつは抵抗がある。

これではまるで、ジャーナリストには、「迎合のジャーナリスト」と「反骨のジャーナリスト」との二種類があって、今回は「反骨篇」、といっているように受けとられかねないからだ。

そもそも、反骨の精神が稀薄なジャーナリストを、ジャーナリストと呼べるのかどうか。反骨とは「権力に抵抗する気骨」（『広辞苑』）だとしたなら、反骨でないジャーナリストとは、権力に抵抗しないジャーナリスト、ということになる。

それでは、ジャーナリズムとはなにか、といえば、たいがいの入門書には、「権力の監視役」とある。これは世界のジャーナリストが、長い歴史と生命をかけてつくりあげてきた、ジャーナリズムの存在理由である。

あるいは、ジャーナリズムは、人間の自由と人権を拡幅する削岩機といえるかもしれない。言論の自由は、けっしてジャーナリズムのためにだけあるのではない。その量が民主主義のバロメーターである。だから、民主主義的権利の拡大のためにこそある。

言論の自由のない国が、人権を抑圧している圧制と隷従の暗黒国家であることによって、それは歴史的に証明されている。知る権利とは、空気や水をもとめるのとおなじ人間的な渇望である。

しかし、ジャーナリズムにたいする不信感もまた、社会には根強い。知りたいことを報道せず、知りたくもないことを報道する。権力者にたいする批判よりも、俗情に迎合して、犯罪者や被害者のプライバシーに踏みこんで、人権を商品化しようとしたりする。新聞や雑誌の部数競争、テレビの視聴率獲得競争が、報道をジャーナリズムからマス・コミュニケーション（マスコミ）に転換させた。過剰な競争（商品化）は、報道の品性を卑（いや）しめる。

ここにとりあげた十人は、強権に迎合する時代の風潮にペンに依拠して抵抗しつづけたひとたちである。陸羯南（くがかつなん）は欧米追随に、横山源之助は弱肉強食に、平塚らいてうは良妻賢母に、大杉栄は強権国家に、宮武外骨（がいこつ）はあらゆる迫害に、桐生悠々は日本帝国軍隊に、尾崎秀実（ほつみ）は開戦の欲望に、鈴木東民は自由の抑圧に、むのたけじは地域の権力に、そして斎藤茂男はジャーナリズム精神の衰弱に、とそれぞれの反骨たちは、おのれを犠牲にして抵抗しつづけ、ジャーナリスト人生をまっとうした。

このようなひとたちの歴史を意識した文章をいまあらためて読み返し、その抵抗の姿を想い起こすのは、なにやら物わかりがよくなり、どこに骨があるのかみえにくくなっている現在の報道を検証するのに役立つばかりではない。時代に迎合せず、いかに生きるべきか、その勇気を先人に学びたいからである。

日本の新聞、テレビは、はたして、「国益」に抵抗できるのか、このテーマが、これからさらに厳しく問われるようになる。戦時中に嘘だとわかっていながら大本営発表をそのまま活字にして抵抗しなかったのは、それが「国益」のため、と自分を信じこませていたからではなかったか。いままた政府は、「個人情報保護」や「有事体制」の強化などの名を藉りて、報道の規制を図っている。あるいは、「組織犯罪」にたいする「共謀罪」の復活をも狙っている。

もっとも極端な「国益」の追求は戦争であり、もっとも極端な事実の封印もまた、戦争である。事実を知らされずして、人間が幸福になることはない。国家に秘密が多くなる分だけ、ひとびとの自由の領域は狭められる。戦争はその極限である。

この個性的な十人に共通するのは、言論の力とその可能性を信じていたことだった。

目次

「はじめに」及び本文一―六章、八・十章はＮＨＫ教育テレビ「ＮＨＫ人間講座　反骨のジャーナリスト」(二〇〇二年一―三月放送)のテキストに加筆したもの、「おわりに」は『朝日新聞』二〇〇二年四月一〇日付「ジャーナリストの責務・言わねばならぬことを言う」に加筆したものである。

一　独立不羈の覚悟　陸 羯南

1857–1907
(提供・共同通信社)

陸羯南略年譜

1857(安政 4)	10月14日，弘前に生まれる．本名中田実
68(明治 1)	出版物および新聞の無許可発行を禁止
69(2)	出版条例制定
71(4)	この頃，古川他山の私塾思斎堂入門
73(6)	16歳，東奥義塾入学
74(7)	官立宮城師範学校入学
75(8)	讒謗律，新聞紙条例制定
76(9)	19歳，宮城師範学校退校，上京，司法省法学生徒に採用
79(12)	原敬らと共に退校，帰郷．陸姓を名乗る．青森新聞社入社
80(13)	北海道に渡り，紋別製糖所に勤める
81(14)	24歳，上京，翻訳で生計をたてる
83(16)	太政官御用掛となり，文書局勤務 新聞紙条例改正，出版条例改正，ともに規制強化
84(17)	27歳，今井元吉長女てつと結婚
85(18)	内閣官報局編輯課長となる．第1次伊藤博文内閣
87(20)	保安条例公布．新聞紙条例，版権条例改正
88(21)	『東京電報』創刊，主筆兼社長
89(22)	『東京電報』廃刊，新聞『日本』創刊，主筆兼社長．大日本帝国憲法発布
90(23)	『予算論』刊行．第1回総選挙．集会及政社法公布．
91(24)	大津事件で刑法による処断の論陣，『近時政論考』『行政時言』刊行．『大日本』発刊
92(25)	正岡子規，日本新聞社入社
93(26)	『原政及国際論』刊行．『日本』は条約励行論で伊藤内閣批判
94(27)	『小日本』創刊，正岡子規編集長 日清戦争．開戦にともない新聞の事前検閲令公布
96(29)	「宮内大臣論」転載で『日本』発行停止
97(30)	新聞紙条例改正公布
98(31)	41歳，東亜同文会(1901に東亜同文書院)創立，幹事となる
1903(36)	欧州旅行，翌年帰国
04(37)	病を得て転地．日露戦争
06(39)	病のため，日本新聞社を伊藤欽亮に譲る
07(40)	9月2日鎌倉で死去，49歳

日本ジャーナリズムの先駆者

郷里の先輩に、明治時代の偉大な新聞記者がいた、と教えられたのは、高校にはいったばかり、漢文の時間だった。陸羯南という人物で、つぎのような詩を残した、という。

名山出名士　（名山名士を出だす）
此語久相伝　（この語久しく相つたう）
試問巌城下　（試みに問う巌城のもと）
誰人天下賢　（たれびとか天下の賢）

名山は名士をだす、と昔からいわれてきた。が、しかし、この岩木山のふもとにある城下町では、まだ誰もでていないではないか、と後輩にたいする激励のメッセージとして、わたしたちは教えられた。ここでの「名士」は、有名人というのではなく、志のたかい人物と考えるべきなのであろう。

薩長による強権の明治政府にたいして、「国民主義」を掲げて筆鋒鋭く迫り、政府にも政党にも依存しない独立不羈の新聞人として己を励ましつづけ、日本ジャーナリズムの先駆者となった、陸羯南との最初の出会いだった。が、同級生たちにとって、それがどれほどの刺激になったのであろうか。わたしはといえば、「名山名士を出だす、この語久しく相つたう」との、五言絶句の名調子を時おり口ずさんではいたものの、それ以上にふかく知ろうとはしなかった。というのも、羯南が社主になっていた新聞のタイトルが、『日本』だったことにもあった。雑誌『国民之友』のオーナーだった徳富蘇峰のような、国粋主義的な人物と思いこんでいたからだった。

　昭和のはじめに、野球小説『あゝ玉杯に花うけて』で、ベストセラー作家になった佐藤紅緑もまた弘前市の出身だが、二〇歳のころ、陸羯南宅の書生として転がりこみ、ついには『日本』の編集者として採用され、文筆の道へのスタートを切っている。

　佐藤紅緑は詩人のサトウハチローや佐藤一族の歴史『血脈』を書いた佐藤愛子の父親である、というような知識はわたしにもあった。紅緑以外にも、羯南は郷党の後輩たちの面倒をよくみていた。四九歳の若さで早逝したので、その後の青森県出身の後進たちへの道を、直接的には切り拓いてはいない。

　しかし、私小説家の葛西善蔵やその後継者ともいえる太宰治などに脈々と流れている、辺境・津軽の物書きたちの屈折と叛逆の血をおもえば、そのパイオニアだったこの郷土の言論人への共感を、わたしはもっとはやくからもつべきだった。それでも、羯南の存在を学校の授業のなかで教えられる僥倖に恵まれていたわけで、それが郷土の伝統と呼べるものなのであろう。わたしが最初に知った大ジャーナリストの名前が、陸羯南だったのだ。

逆境・不遇への自覚

歴史学者の鹿野政直さんがおこなった遺族からの聞き取りによれば、羯南は「故郷(くに)のはなしをあまりせず、故郷をこのまず、故郷の人びとを、若いものでも酒ばかりのんで惰民だと酷評していた」という(『日本の名著37 陸羯南／三宅雪嶺』解説)。

それは、東京にでてきても、強がりをいったり、あるいは酒を呑んでは大言壮語するだけの若ものたちのうじゃけた郷土意識に辟易(へきえき)しながらも、彼らが自立する精神をつくりだすことへの、期待をこめた批判であったはずだ。

佐藤紅緑の回想記(『陸羯南全集』第一〇巻所収)によれば、羯南は紅緑にたいして、「ものになるかな」と問いかけるのが口癖だった、という。おそらく、見据えるよう視線を投じて、後輩の将来に眼をくばっていたのであろう。羯南は寡言で無駄なことをいわず、たいがい熟考のすえ、「よしッ」といって決定した。

「かれを根柢からはげしくつきうごかしていたのは、〝逆境〟〝不遇〟への自覚であったと考えたい。志をとげようとして、この青年は何度もはねかえされている。西南出身の若者たちのように、中央にひきがあるわけでもなかった。唇をかみしめるような日々がつづいた青春。そのなかからかれはたえず〝のりおくれた〟側、〝きりすてられてゆく〟側にいる自分を意識しないではいられなかったであろう。」

鹿野さんの解説の一節である。ここでの逆境とは、出自である貧乏士族の家庭についてのことではない。歴史地理的なハンデというようなものであろう。

発行停止処分との闘い

陸羯南が『日本』を創刊したのは、一八八九(明治二二)年二月一一日だった。主筆兼社主本人は三一歳、その日は大日本帝国憲法発布の日だった。と同時に、文部大臣森有礼(もりありのり)が暗殺された日でもあった。

新聞紙条例が改正され、発行禁止・停止の条項がなくなった一八九七年三月二四日までのほぼ八年のあいだに、『日本』が発行停止を受けたのが三〇回、被害日数は二三〇日におよんでいた。

羯南は新聞紙条例改正の三日前に、「新聞停止権の廃撤(憲法実施以来の最大盛事)」なる論説を書いている。そこでは、年ごとの停止期間と日数の一覧を掲げ、さらに歴代内閣ごとの停止回数と日数を数えあげている。

黒田内閣	回数……三　回	日数……三十一日間
山県内閣	回数……二　回	日数……三十二日間
松方内閣	回数……二　回	日数……二十九日間
伊藤内閣	回数……二十二回	日数……百三十一日間
松方内閣	回数……一　回	日数……七　日　間

これをみると一目瞭然なのだが、黒田、山県、松方、伊藤、松方とつづく歴代内閣のうちで、伊藤博文内閣がとび抜けて多く、二三〇日のうち一三一日と、およそ六〇パーセントを占めている。その数字に依拠して、羯南はこう書いている。

「伊藤内閣は、前数者に比すれば最も憲法を重んじ、立憲政治を行うの内閣なるべしと予想せられしに、言論の自由を傷つけ行政権を濫用したるは、此の内閣ほど甚しきものは無かりし。吾が『日本』は伊藤内閣の為めに虐遇せられたること、実に二十二回の多きあり。而して其の日数は百三十一日にして、之を彼れ内閣存立期五箇年に割付するときは、大抵一箇年に四回半の停止に遭い、平均すれば一箇年に四週日余の束縛を受けたり。驚くべきの至ならずや。而して彼れが斯くまで停止権を行使したる其の事由を求むれば、治安

『日本』，1905(明治 38)年 4 月 3 日号
(提供・日本近代文学館)

を妨害すと認むと称すと雖も、其の実は自己の政策に反対する言論の気焔を殺ぐの邪心に外ならざりし。」(明治三〇・三・二一 第二七〇二号)

明快、かつ説得的である。伊藤内閣は、「治安を妨害す」との名目で新聞を発行停止処分にしているが、実際のところは、自分の政策に都合がわるいからだけではないか。

創刊された『日本』が、連日のように論じたのは、「条約改正問題」だった。列強連合との対等条約をむすんで、治外法権を撤廃する条約改正に、じつは「高等裁判所に外国人裁判官を任用する」との一項目がふくまれていることが、「ロンドン・タイムス」でスクープされていた。それが日本にもつたわって、改正案反対の論議が急速にたかまった。『日本』は批判の急先鋒だった。

「独立ライター」宣言

羯南は、創刊翌年の一〇月二二日から二六日まで、五日間にわたって、「新聞記者」論を展開している。おなじテーマで毎日、堂々の論陣を張るなど、こんにちの新聞では考えられないことだが、それが羯南の姿勢だった。ときの政治権力に右顧左眄しないばかりか、大衆にも迎合せず、みずからすすんで天職にあたる。

だから、自分の財産でみずからを養い、自分の知能によってみずからを処する、とまるで霞を食って生活するようなことをいっているのだが、つまりは、「眼中に国家を置き自ら進んで其の犠牲と為るの覚期あらざれば不可なり」との理念が語られている。ここでの国家は「国家主義」のそれではない。国民のため、というような意味である。

それは、つぎの日に展開した、政党の機関紙的新聞や営業本位の新聞ではない、「独立新聞」における記者の自由と不自由の関係についての論攷に強くあらわれている。

「独立的記者の頭上に在るものは唯だ道理のみ、唯だ其の信ずる所の道理のみ、唯だ国に対する公義心のみ。其他に牽制を受くべきものあらざるなり故に機関的記者に比しては其筆は自由なり。而して営業的記者に比しては一定の識見あるだけそれだけ不自由なり。」

（明治二三・一〇・二三　第五二九号）

インディペンデント・ライターというべきか、誇り高きフリーライターの神髄とは、自分の信じる道理だけである。そのほかに自分を制約するものはなにものもない。政党の方針にしたがう主人もちの機関的記者にくらべれば自由だが、おもしろければなんでもOK、無原則的、営業的記者にくらべれば、自分の原則にこだわるだけに不自由だ。

そして、つづけてこう書いていることに、わたしは注目している。

「独立的記者は党派の代りに道理を其の主人と為し、時ありてか輿論を代表せずして寧ろ之を誨誘（かいゆう）するの職分を有す。」(同前)

新聞の最大の欠陥は、「世論」に弱いことである。世間の意見に対立できない。すぐそれに迎合する。新聞は世論を「誨誘」(教え導く)しなければならない。オピニオンリーダー、それが職分である。この自己規定とこの決意は、「独立ライター」宣言とでもいうべきものである。

日本の新聞の歴史は、大まかにいえば、各県の県庁や県令(知事)が、公報紙がわりに発行した御用新聞と、自由民権運動のたかまりのなかで、「民撰議院設立建白書」の提出にむかう政論新聞と、そのふたつの流れがあった。

地方の先進的なひとたちを中心とした政論新聞の発行人が、一八七五(明治八)年に公布された、新聞紙条例や讒謗律（ざんぼうりつ）などによって、発行停止、逮捕、投獄されるなど、めずらしいものではなかった。これらは、たいがい政党の機関紙がほとんどで、「大（おお）新聞」といわれた。これにたいして、「小（こ）新聞」といわれた、いわば商業主義的、通俗的な三面記事中心の新聞があった。

羯南が、そのどっちでもない、「独立的記者」を目指したのは、社会の木鐸（ぼくたく）としての新聞記者こそが天職、と信じていたからだった。独立的新聞について、彼はこう書いている。

「独立的新聞は屢々（しばしば）夫（そ）の営業的新聞と混一視せらるることあり。何となれば政党の機関にあらざる一点は外形に於て酷（はなは）だ相い肖（に）たればなり。然（しか）れども営業的新聞は一定の識見なく唯（た）だ多数の読者を得て印刷したる報告を売り付けんことを是（こ）れ勉（つと）むのみ。独立的新聞は則（すなわ）ち然（しか）らず。夙（つと）に一定の識見を挟みて重要なる事項には一々己れの判断を付け、強（し）いて世人の気に入らんことは固（もと）より其目的とする所にあらず。是れ実に営業的新聞と異なる所の要点なりとす。是の故に之（これ）が記者たるものは第一に識見及（およ）び節義あるに非（あらざ）れば不可なり、」（同前）

失意の前半生

羯南の精神は、不遇と捩（よじ）り合って、一本の強固なロープのようになった。独立不羈の精神が不遇を招き、不遇が独立不羈の精神を鍛えた。羯南は、一六歳のとき、「東奥（とうおう）義塾」に入学した。この学校は、津軽の藩校「稽古（けいこ）館」の後身で、自由民権運動の指導者になった菊池九郎やキリスト教の教育でよく知られている本多庸一（よういつ）などが創設期に力を尽くした。同期には外交官になった珍田（ちんだ）捨巳（すてみ）や独特の健康法をつくりだした伊東重（しげる）などがいる。

が、羯南は東奥義塾を一年で中退して、仙台の師範学校に進学する。教師を目指した、というよりも、向学心を官費の学校にむけた、と考えられる。しかし、それもまもなく、学校の運営をめぐって校長を批判、ここも一年半で退校、東京の司法省法学校に入学した。ここも官費だった。ところが、ここでもまた校長を批判して、岩手県出身の原敬（たかし）ともども退学処分となる。そのあと、失意のうちに青森市にもどって、『青森新聞』に身を寄せていた。二二歳になっていた。

青森市で羯南は、議会開設にむけた運動にかかわっている、東奥義塾の恩師や同窓生とともにあって、「非国会論者ニ告グ」などの論説を書いた（稲葉克夫『青森県の近代精神』）りしていた。が、『青森新聞』が反官的な記事を掲載した、として、讒謗律違反で、罰金一〇円を支払わされた。このとき彼は「編集長」だった。

とはいっても、当時の民権派の新聞には、「被弾圧対策要員」として、ダミー（身代わり）の編集長が準備されていたから、たぶん、そっちのほうの編集長だったのであろう。

五ヶ月後に退職して、こんどは寒さがはじまってきた津軽海峡を渡って北上した。北海道のオホーツク海に面した紋別で、開拓使所管の製糖工場の吏員となる。一八八〇（明治一三）年九月から翌年五月まで、流氷が海岸線を埋め尽すちいさな町で、フランス語の技術書の翻訳などにあたっていた。二三歳、将来を見定め難く、鬱屈していたであろう。

このときつくった漢詩「寒帆余影」に、「煙波九月雁南に馳す」(「紋別秋景」)とある。南にむかう雁行を眺めながらの流謫の想い、ともいえる。

このころ、羯南が笹森儀助にあてて書いた手紙が残されている(『陸羯南全集』第一〇巻)。笹森儀助は、一二歳上の郷土の先輩である。『千島探験』および、沖縄の先島、与那国島まで踏査した『南嶋探験』(『東洋文庫』全二巻、平凡社)で知られている。

津軽が生んだ偉人ふたりは、ともに士族の子息だったこともあって、おなじ在府町に住んでいた。在府町は追手門から歩いて五、六分、ふたりの家は一分たらずの距離だったが、羯南は幼くして転居しているから、子どものころには会っていなかったであろう。

羯南が儀助に送った手紙は、彼が勤めている製糖工場は前年に落成し、今月中に開業の手順となった、などと報告しながら、樵夫を百人ほど、斡旋してほしい、との依頼状だった。このころ、儀助が岩木山の麓を開墾して、農牧事業をはじめていたのを見込んで、弘前近在から農民の出稼ぎ者を紹介してもらうことにしたようだ。文中にある「物価の騰貴に貧民はさぞさぞ御困却と存じ奉り候」のくだりに、同郷の農民への同情がこめられている。

羯南の「国民主義」

新聞人としての羯南の目線に、これら極北および辺境の細民の生活への同情がはいっていたことは、特筆すべきことである。

『日本』の編集部にいた、長谷川如是閑は、羯南について、つぎのように書いている。

「『日本人』や日本新聞といえば、その名の如く欧化時代に次いで起った国粋主義の時代の潮流に乗じて起ったものであったが、然しその国粋は今の国粋会などの国粋とは大分違って頗る進歩的でその国粋家の多くが揃って新知識で、中には可なりのハイカラもいた。鬼将軍といわれた佐藤正少将が浮田和民博士の俘虜肯定論に対して、駁撃を試みた時に、佐藤少将の議論を文章に纏めたのは記者であった私だったが、しまいには随分頗る煩くなって困っていると、陸さんは、「もういい加減にせんかい、浮田の云うことも尤もだよ」と云われたので助かったことがあった。ちっとも頑冥なとこのないのが、『日本』一流の特色だったが、その特色は、日本新聞そのものよりも陸さん始め社の人格に内在していたのであった。雪嶺翁の如きもその典型的のもののように私には思われた。」(『陸羯南全集』第一〇巻所収)

社主のひとがらが、社風としてよく反映していたようだ。社員のだれにも「社長」と呼ぶ習慣はなかった。「陸さん」とさんづけであり、尊称は、陸翁だった。

如是閑は、こうつづける。

「実際陸さんを中心とした『日本新聞』のような組織が再び日本に現われようとは思わ

ないが、それが私のようなものには何よりも寂しく感じられる。私の入って行くところはもう何処にも無いというような気がする。生活上の仕事には多少とも奴隷的の感じの伴わないことはないが、それを最低限度に減じたか——又は私自身の感じたように——全く絶無にした組織はあの『日本新聞』であった。それは中学の先生に、あの英語学校の諸先生のような人格を得ることが出来なくなったのと同じ社会的欠陥から来ているのである。

私は、生活上の仕事に奴隷的の感じを伴わない世界——ということを想う度に私の「陸さん」を思い出す、反対の場合にカイゼルを思い出すように。」(前掲書)

それでいて、『日本』は権力的な高官には蛇蝎のごとく嫌われていた。本望であろう。

のちに『朝日新聞』記者になった丸山幹治は、次のように書いている。

「その頃(一九〇六年ころ、『日本』を手放して、鎌倉に転地療養、逝去一年前頃——引用者注)、さる人の紹介で、山県公を椿山荘に訪ねたことがある。公は僕が日本新聞に居たことを聞いて、「陸という男は高橋(健三——引用者注)の下で内閣の属官か何かしていた相だな」といった。僕はそれで、斯ういう人達は、何ういう標準で在野の人々を評価するかを知ったのである。然し初対面の僕に斯んな話をしたことによって、山県公の頭にも陸さんの存在というものが可なり邪魔ッけなものであったことは想像されるであろう。」(前掲書所収)

『日本』に集まった人びと

羯南の人柄のおだやかさは、その風貌によくあらわれている。彼を慕って『日本』に集まってきたのは、佐藤紅緑など郷里の青年たちばかりではなかった。雑誌『日本人』を発行していた三宅雪嶺やのちに『日本風景論』を書く志賀重昂、中村不折、福本日南、国分青厓、桂湖南、池辺三山、長谷川如是閑など当時のすぐれたジャーナリストたちが入社し、「梁山泊」然としていた。そのなかで、色白、黒ひげの羯南は、小柄な猫背ながらも、一種独得の剛毅さと威厳を感じさせていた。

ちなみにいえば、羯南の筆名(本名中田実)は、一〇代のはじめにつくった漢詩の一句「風濤羯の南より来る」によっている。羯羯は中国東北部からシベリア一帯にかけて勢力をふるっていた民族の名称で、北方大陸から激しい風や高い浪が押しよせている壮大なイメージがペンネームにこめられている。

官僚養成のための司法省法学校(東大法学部の前身)に入学した羯南は、「賄征伐」(寄宿舎の食事をめぐる騒動)に連座して、原敬、福本日南、国分青厓、外交官となった加藤恒忠(拓川)などと放校処分になったのだが、禍を転じて福となす、というべきか、これらのひとたちは生涯を通しての友人となった。とりわけ松山出身の加藤拓川の甥の正岡子規は、拓川の紹介で『日本』に入社、文芸欄を担当して、「歌よみに与うる書」などを連載、俳句改革の運動をすすめる。佐藤紅緑もこの縁で、子規の門下生となるのだが、羯南なくして子規が出現しなかったのは、歴史的事実である。『病牀六尺』と『仰臥漫録』などに、羯南が登場する。

「五日は衰弱を覚えしが午後ふと精神激昂夜に入りて俄に烈しく乱叫乱罵するほどに頭いよいよ苦しく狂せんとして狂する能わず独りもがきて益苦む　遂に陸翁に来てもらいしに精神やや静まる　陸翁つとめて余を慰めかつ話す　余もつとめて話す　九時頃就寝しかもうまく眠られず」（『仰臥漫録』一〇月五日）

子規は羯南の隣家に居をかまえて庇護をうけ、家族ぐるみのつき合いだった。

羯南の目指した新聞

羯南は、独立的なジャーナリストとして、どのような新聞を目指していたのか。一八八九（明治二二）年二月一一日の第一号の紙面を飾った「創刊の辞」には、前述のように、新聞は政権を争う機関ではなく、私利をもとめる商品でもない、として、「新聞の職分」について言及されている。

羯南ならずとも、いま日本の新聞をみると、いわば二割の大新聞（政論）と八割の小新聞（商業主義的、通俗的な読者への迎合）がミックスされ、紙面が構成されているようにみえる。あるいは、政論二割に公報三割として、五割が小新聞の伝統ともいえよう。

「毫も定見あるなく、恣に文筆を弄して只管読客の意を迎え、以て自ら政党外に中立すと称するもの亦た新聞紙たるの職分に欠く所なき歟。」

とすれば、新聞本来の職分とはなにか。

羯南は、日本がいったん亡失した「国民精神」を博愛の間に回復し、かつこれを発揚することをもって、みずから任ずる、としている。

しかし、とはいっても、ヨーロッパ文明としての権利、自由、平等の説はこれを重んじ、その哲学道義の理論は尊敬し、その風俗習慣のある部分はこれを愛し、理学、経済、実業は欣慕する、という。

「国民主義」とはいっても、けっして、偏狭な攘夷論や排外主義に陥らないことが強調されている。つまり、博愛、権利、自由、平等などが、紙面によって追求されようとしていたのだ。

「皇室と社会利益の基礎たる平民との間を近密ならしめ、貴賤貧富及都鄙の間に甚しき隔絶なからしめ、国民の内に権利及幸福の偏傾なからしめんことを望む。」(「創刊の辞」)

皇室一族と平民の間もまた、貴賤、貧富、権利、幸福を偏らせてはいけない、と読める。この認識は当時としては驚くべきものである。つづけて、こう書かれている。

「『日本』は批評諷刺の方法に依り常に善悪邪正の分を明かにせんことを勉むべし。蓋し今日百般改良の実を挙げんには政治法律の力よりも寧ろ社会の公徳を啓発するに如くものなしと信ずればなり。」

法律や政治の力によって、ではない。文筆による啓発。それによって、社会を改良しよう、というのが、新聞の職分である。それが羯南の心意気だった。

『陸羯南全集』全一〇巻は、第一巻を『東京電報』時代の論文にあてたあと、この「創刊の辞」「日本と云ぅ表題」「日本国民の新特性」(以上、第一号)、「国民的の観念」(第二号)、「日本国民の基礎定まる」(第三号)などと、彼が執筆した「社説」が再録されている。羯南が、毎日、これだけの論説を身を削るようにして書きつづけたのは、言論の力を信じていたからにほかならない。

羯南の「国民主義」とは、「国家主義」でもなく、「国粋主義」でもなく、むろん、「臣民主義」などではありえない。「主権在民」、どこか「人民主義」にちかかった。

丸山真男の評価

「「日本」は外部に向て国民精神を発揚すると同時に、内部に向ては「国民団結」の鞏固(きょうこ)を勉むべし」

これが『日本』の「創刊の辞」に書かれている目的である。「ナショナリズムとデモクラシーの綜合を意図した」とは丸山真男の羯南にたいする評価である(「陸羯南――人と思想」『丸山真男集』第三巻)。明治二〇年代の「日本主義運動」は、その後の日本型ファシズムとはちがって、「豊かな世界性と進歩性を具(そな)えていた」とする評価である。

藩閥政府の「欧化主義」と条約改正にたいして、右は佐々友房、頭山満から左は中江兆民、大井憲太郎にいたるまでの反政府共同戦線が形成されていた。それは上からの近代化政策(欧化主義)にたいする、中央対地方、工業対農業、国家資本ないしは特恵資本(紳商)対民間資本の均衡回復運動であった、と書いていた丸山は、現在進行形の敗戦直後の民主化運動と重ねあわせていたのはまちがいない。現実の運動との緊張関係について、丸山はこう書いている。

「抽象的な理論に関するかぎり、羯南の思想は当時の民権派に比して決してラジカルではなくむしろヨリ保守的ですらあった。しかし注意せねばならぬことは進歩的とか反動的とかいう規定は、ある人間が口でどういうことを唱えているかということで定まるのではなくして、彼がその実践の上でどこまでその主張を貫いたかということが大事なのである。口先では羯南よりいさましいことを叫んでいた民権論者は少くなかったが、そういう連中は後には、仇敵のごとく罵っていた藩閥政治家と平気で手を握ってしまった。それに比べると羯南は抽象的理論で示されたかぎりの進歩性はその儘(まま)彼の現実問題に対する批判において保持された」

新聞紙条例の改正

三二歳にして、独立新聞をひっさげ、羯南が明治の強権政治とひとり対峙していたのは、壮挙というべきである。政府の発行停止にたいして、彼は毅然として論をすすめている。理非曲直をただす、堂々たる筆法である。

「発行停止は言論の自由を奪い、及び事業に損害を及ぼす所の二重の厳罰なり。即ち権利と財産とに耐え難きの苦痛を与うる所の非常の厳罰なり。而して此の厳罰たるや所謂る刑罰として存するにあらず、行政官の掌中に操縦自在なる所の処分なり。唯其れ刑罰の本体を備えずして刑罰の実効を有し、事実の審問あるに非ず理由の公平あるに非ず、一葉の達書を以て之を命ずるなり。此を以て其当事者に与うる苦痛は最重の刑罰に均し、是れ豈に非常の処分法にあらずや。斯る非常の処分を軽々に行うことは之を法文適用の残酷と云う。」(明治二四・一一・二三『大日本』第一号)

このような熱烈な批判によって、第一〇議会において新聞紙条例は改正され、発行停止処分は全廃された。が、それもつかの間、一九〇九(明治四二)年、羯南死後二年たって、第二次桂内閣で新聞紙法として復活、さらに猛威をふるうことになる。

天職としての新聞記者

「人民は水なり、政事家は舟なり。水能く舟を載せ、水能く舟を覆す。政事家たる者能く此大勢を察して運動せざるべからず。」(「運動するものは人民なり」明治二二・三・二七 第三九号)

いまなお通用する民主主義の鉄則である。政治運動の原動力とは、けっして政治家ではない、人民である、と羯南は喝破していた。政治家は「営利の業」ではない。ひとつの公職である。それとおなじように新聞記者もまたひとつの「天職」である。みずから選んでこの天職に就いているのではないか、というのが、羯南の「新聞記者論」のエッセンスである。とすれば、政治的に弾圧され、たとえ路頭に迷ったとしても、それは国民のため、犠牲となる覚悟だったのではないか、それが羯南の心意気、というものであり、ジャーナリストの神髄である。

政治家が「営利の業」となり、その利権確保のために、後継者に息子を据え、記者もまた就職のひとつとなり身分の安定を最優先にしているならば、それは羯南が理想の姿としたものとは、はるかに隔っている。

ただ、パイオニアとしての羯南にも、歴史的な限界があった。「国民」各層の平等の主張も、君主、貴族、藩閥、紳商にたいする平民の対立ではなく、「調和統一」を志向するでしかなかった。さらにいえば一八九四(明治二七)年の日清戦争を批判する視点をもつことはできなかった。

肺結核が重くなって、『日本』を手放したのが、一九〇六(明治三九)年六月、四九歳のときだった。新社主の編集方針に反対する三宅雪嶺、福本日南、長谷川如是閑など中心的な社員は、全員退社した。

森銑三の『明治人物夜話』(岩波文庫)には、「権勢を何とも思わぬ一点は、明治時代の新聞記者で(僕の知っているだけでは)絶倫だ。それでもって政事上の論諍を続け切った。為に『日本』は、営業成績では全くのゼロであった」とする「子規居士(こじ)の周囲」(柴田宵曲)が引用されている。

部数拡大競争など、羯南の眼中になかった。それでも経営はどうにか成り立っていたようだ。日本の言論に自由がもたらされたのは、一九四五年の敗戦になってからである。しかし、それですら占領軍の検閲が厳しかった。たしかにいまは、検閲がないとはいえ、「中立」や「客観報道」という名の自主規制、広告主への配慮、政権党からのクレームへの弱腰、記者クラブの自主規制などの例をみると、言論の自由がある、とはけっしていえない。

羯南が目指した「独立不羈」の新聞は、まだまだ日本の土壌に根づいていない。

二　ルポルタージュの先覚　横山源之助

1871–1915
(提供・日本近代文学館)

横山源之助略年譜

1871(明治 4)	2月21日，富山県魚津町に生まれる
75(　8)	讒謗律，新聞紙条例制定
77(　10)	この頃，魚津明理小学校入学か
82(　15)	この頃卒業，徒弟として奉公
83(　16)	新聞紙条例改正，出版条例改正，ともに規制強化
84(　17)	秩父事件
85(　18)	14歳，富山県中学校入学．内閣制度採用．第1次伊藤博文内閣
86(　19)	退学，上京して英吉利法学校入学
87(　20)	『国民の友』創刊．保安条例公布．新聞紙条例，版権条例改正
89(　22)	大日本帝国憲法発布．第1次山県有朋内閣
90(　23)	第1回総選挙．集会及政社法公布．教育勅語発布．桜田文吾『貧天地饑寒窟探検記』刊行
92(　25)	『萬朝報』創刊．松原岩五郎「最暗黒の東京」連載
93(　26)	『最暗黒の東京』刊行
94(　27)	『毎日新聞』入社．「戦争と地方労役者」連載．日清戦争．開戦にともない新聞の事前検閲令公布
98(　31)	片山潜，幸徳秋水ら「社会主義研究会」を結成
99(　32)	『日本の下層社会』『内地雑居後之日本』刊行．毎日新聞退社
1900(　33)	農商務省工場調査の嘱託になる
01(　34)	田中正造，足尾鉱毒事件で直訴
03(　36)	農商務省『職工事情』刊行
04(　37)	日露戦争
09(　42)	新聞紙条例廃止，新聞紙法公布
10(　43)	韓国併合．大逆事件(翌年1月，幸徳秋水ら死刑執行)
11(　44)	貧民済世に関する勅語発布．工場法公布
12(　45)	殖民事情調査のためブラジルに渡航
14(大正 3)	シーメンス事件．第1次世界大戦勃発
15(　4)	6月3日死去，44歳

『太陽のない街』

労働者についてのルポルタージュを書こう、とわたしが思うようになったのには、横山源之助の存在が大きい。遭遇した現実の微細な事実を掘り起こし、それによってひとつの世界を描きだす、その先駆者として横山源之助が、わたしたちの前方をあるいている。文章による現実との衝突。その可能性を彼は実践していた。

横山源之助と出会う前に、わたしは徳永直(すなお)の『太陽のない街』を読んでいた。工場のストライキをテーマにした小説である。活劇調なのだが、それは「プロレタリア文学」と呼ばれているもののひとつの特徴でもあった。

まだ大学にはいる前のことで、わたしは田舎の高校を卒業して、東京にでてきてはたらいていた。二度目の就職先が、ちいさな印刷所だった。そこで労働組合が結成され、わたしは連絡のため、その本部が置かれていた大印刷工場の二階へでかけていくことが多かった。

都電を降りて、白山通りから西へはいった小石川界隈、ちいさな印刷所や製本所が肩を寄せあうようにして建ちならんでいる。それらを見下ろすように、鉄筋コンクリートの大きな工場が建っていた。

守衛所を備えているひろい門を、紙を積んだトラックが忙しそうに出入りしている。建屋(たてや)のなかにはいると、コンクリートの床に輪転機のまわる音がひびいていて、インクの匂いが漂ってくる。そのあたり一帯が、かつて「太陽のない街」といわれていた、とだれかがいった。ゴーリキーの『どん底』など、ロシアの小説や日本のプロレタリア文学を読むようになったのもそのころである。気がつくと、わたしのまわりには、ほとんど残業つづきの、無権利な零細工場の労働者たちがいた。四〇年以上もむかしの話である。わたしたちは、工場の窓から、「組合をつくろう」と書いたビラを入れながら地域をまわっていた。

先行きの希望がみえない点では、リストラ横行のいまのほうがまだひどい状態になっている。

「陋巷に窮死した」

富山湾に面した魚津市は、蜃気楼以外にも、漁師の妻たちからはじまった、「米騒動」発祥の地として知られている。この町で生まれ育った横山源之助が、小石川「太陽のない街」の二階間借りの六畳で、家族に看取られることもなく息を引き取ったのは、一九一五(大正四)年六月三日の払暁だった。行年四四歳。

米騒動はその三年後だったから、魚津から大津波のように、全国へと波及していった北陸の女たちのエネルギーを、彼はついに見定めることができなかった。

「陋巷(ろうこう)に窮死した」とは、内田魯庵(ろあん)の評である。生まれ落ちてすぐ、事情あって左官職の家にもらわれて成育し、商家の丁稚奉公から人生を開始した源之助は、底辺のひとびとに寄り添うようにしてその生活実態を書き遺した。さほど報いられなかった生活とはいえ、一介の探訪記者に徹して、日本ルポルタージュの先駆者となったのだから、けだし本望というべきであろう。自己に忠実な人生だった。

横山の不運というなら、ただひとり、臨終(いまわ)の際(きわ)に立ち会うことになった、編集者・中村武羅夫が書いているように、彼が中村にむかって、ぜえぜえ喘(あえ)ぐ結核の息の下から、聞き取りにくい嗄(しゃが)れた声で、

「これが、人生というものかねェ」

とつぶやくようにして果てたことではない。没後三四年たった、戦後の一九四九年、代表的著書である『日本の下層社会』が、ようやく岩波文庫に収録されるまで、横山源之助の生涯をかけた仕事が、すっかり忘れ去られていたことだった。

その一方、僥倖というなら、細井和喜蔵の『女工哀史』とともに、日本の社会の底辺で、さほど晴れがましいこともなく死んでいった膨大な細民の記録者として、復活をはたしえたことである。『女工哀史』は、いま岩波文庫で五五刷、『日本の下層社会』四九刷、二〇〇〇年から、『横山源之助全集』全一一巻(社会思想社)の刊行もはじまった。没後八六年目の全集である。

内田魯庵は、いちはやく社会小説に進出した小説家で、大杉榮などとの交流も深かった。『社会百面相』など、内田の社会性の強い作品は、いまでも愛読されているのだが、横山について、内田はこう書いている。

「横山源之助が毎日社に籍を置いたのは僅に半年か一年位だった。が、今でこそ殆んど忘られてるが、天涯茫々生の文名は一時相応に売れて、其の貧民窟探究や労働生活の記録は毎日の呼物であった。毎日を去るとブラジルに渡航し、植民事業に計画を立てたらしかったが、ブラジルから帰ると間もなく疾を獲て陋巷に窮死した。無軌道の惑星で終に何等の足跡をも残さなかったが、此の人生の「アンフィニッシド・ピルグリメージ」の遍路修行者も亦数奇伝の一人として後世に伝うべきであろう。銀座には縁が無いようだが、亦銀座生活者の小さな一人であった。」(東洋文庫『魯庵随筆』)

底辺社会のルポルタージュ

『日本の下層社会』が上梓されたのは、一八九九(明治三二)年四月、版元は教文館だった。といっても、実際は自費出版にちかく、懇意にしていた秀英社(大日本印刷の前身)の佐久間貞一社長のカンパによってようやく陽の目をみることができた。第一編「東京貧民の状態」。書きだしは、こうである。

「東京市十五区、戸数二十九万八千、現住人口百三十六万余、その十分の幾分は中流以上にして、即ち生活に苦しまざる人生の順境に在るものなるべしといえども、多数は生活に如意ならざる下層の階級に属す。細民は東京市中いずれの区にも住み、その数幾何なるや知るべからずといえども、東京市全体の上にて、細民の最も多く住居する地を挙ぐれば山の手なる小石川・牛込・四谷にあらずして、本所・深川の両区なるべし。」(『日本の下層社会』)

日本の資本主義が急速に発達する日清戦争以前、東京の底辺紀行としては、すでに陸羯南の新聞『日本』に連載された、桜田文吾(大我居士)の『貧天地饑寒窟探検記』(一八九〇年)や『国民新聞』記者の松原岩五郎(乾坤一布衣)が書いた『最暗黒の東京』(九三年)などがあった。

それらに刺激されたかのように、民権派の島田三郎(改進党)が発行していた『毎日新聞』(『東京横浜毎日新聞』が改題。いまの『毎日新聞』は、『大阪毎日新聞』と『東京日日新聞』の後身)に、天涯茫々生の筆名で発表された横山源之助の底辺ルポルタージュがある。

隅田川沿いの木賃宿で、日雇い労働者たちと蒲団をならべ、一八九六(明治二九)年の元旦を迎えた二四歳の源之助は、いつものように労働者風の身なりで、下町の貧民街を足をかぎりに踏査していた。「ごろつき、ひょろつき、瞞引、巾着切、贓品買、イカモノ屋」などと語りあい、くたびれはてて帰宅すると、すでに正月も四日の深夜になっていた。

九日の『毎日新聞』に、つぎのような、横山の記事が掲載されている。

「「あの婆を泊めてお前堪まりゃしないやね、ポックリ往生して御覧な、そら、覿面に面倒は此方へ来るわな、馬鹿な事ッた！」是れ本所小梅業平町の木賃宿に入り、火鉢の傍に坐りて、先ず余が鼓膜を劈きて心神に閃めける、宿の女房が立て膝しながら火鉢に手をかざしつつ人力車夫らしき若き男に語るを聴きたる言葉の一節なり。その仔細を質せばこの日の夕暮、六十幾ツになろうと見ゆる年老れる婆さんの、耄々しながら泊めて貰いたしと来り、後日の面倒を恐れて、「此家には二階ばかりで下に室なければ婆様のような人は泊められぬ」、と口の酢くなるまで謝絶れども家へ躄り上りて、店の隅に尻据え、薄き袖口より手を出して頼むもの煩さく、この若き男を頼みて往来へ逐い出せしを、今ま噂し合えるとぞ知られぬ。女房は更に言葉を続けて、彼様な因業婆はありゃしない、真個に「それはお前さん、一ト晩の事ッだから泊めて遣らァね、だけどお前さん、万一もの事があって御覧な、方がつきませんやね」。夜明け、新年第一日を四幅布団一枚の上に迎えて感慨無限心傷むもの多々なり。宿の女房が所謂「因業婆」は果して那辺に於て新年を迎いたりしぞ。余二十九年の新歳を迎えて而して心頭先ず浮び来れる感想は即ち是れ。」(『下層社会探訪集』)

東京の町を徒歩で往くと、さまざまなものに遭遇する。つぎに掲げるのは、一月二三日づけの記事である。

「一日両国橋を過ぐ。

回向院の方より客を乗て疾駆し来れる人力車夫、如何にししものぞ、橋の中央に来りて車を横に倒し、身亦た倒れたるまま起きず。

巡査来り、警部来り、医師また来る。

巡査の制するも随わず、橋一杯に人集り、来る者一人として驚愕の色を為さぬはなく、而して一人として口を噤めるはなく、遅くして来れる者は故を尋ね、早きは事由を語りて倒れたる者の不幸を吊す。

是れ一月十六日の事。

世人は業を休んで歓を尽し、士女、靚装、美飾して爰に「十六日」を謳歌し居れる間に於て、この不幸漢は糊口の急に追われ、社会の約束に羈せられ、此の日の所得多きを機として出で、而して地獄の釜も休むと俗に称するの日、即ち生活の途に於て瞑目せしなり。

査公が叱々の下、辛うじて倒れたる漢の容貌を見るに、齢三十を出でざる若者なりけり。」(前掲書)

生活のため、斃れるまではたらかざるをえない若ものの不慮の死にたいして、源之助は涙しているようである。

二葉亭への期待

横山源之助は、天涯茫々生以外にも、夢蝶、無腸、樹下石上人、漂天痴童、有磯逸郎、七顛八起楼など多様なペンネームをつかっていた。それは運動家としてではない、文章を売ることによって、現実に参加している、ある種のやましさをあらわしているかのようである。

やはり、運動を目指し、底辺への関心を示しながら、小説家になっていた二葉亭四迷への源之助の期待は、つぎのようなエピソードによくあらわされている。

「或日、例に依て閑談の折、横山君が突然、

「君、長谷川辰之助君を訪問して見ないか」

と言った。僕が不審そうに黙って居ると、

「君、二葉亭四迷を知って居るだろう、「浮雲」の二葉亭を」

「名前は聞いて居る。あの戯作者だろう」

僕が斯う言うと、横山君は忽ち真顔になって立腹した。

「君、二葉亭は戯作者じゃ無いよ」

「戯作者でなくて、何だ」

「革命家だ」

何時もブラリとして居る横山君が、顔色を変えて僕を見つめた。戯作者と革命家、一寸距離がある。僕も黙って見つめて居ると、やがて横山君が徐ろに二葉亭に就て語り始めた。「浮雲」の著作の後、彼は官報局の属官になった。其処に隠れて居て、政治問題社会問題に関する西欧の新らしい学説資料など翻訳しては、其れを官報に載せて居た。」(木下尚江『神・人間・自由』)

この頃の『官報』には、いまのように、無味乾燥な法律や人事の伝達ばかりではなく、読み物としての海外情報なども掲載されていた。二葉亭四迷は官報局で禄を食んでいて、世紀末帝政ロシアの小説を翻訳するばかりか、政治動向などのニュースも翻訳掲載していた。

二葉亭が内閣官報局雇員として入局したのは、一八八九(明治二二)年八月だが、その前年まで、おなじ職場に、やがて『日本』を創刊することになる陸羯南がいて、フランスの文献を翻訳しては、インターナショナルな視点を鍛錬していたのだった。

木下尚江や毎日新聞で横山の後任になる西川光次郎は、やがて幸徳秋水や堺利彦が創刊した『平民新聞』で活躍することになるから、明治の社会主義者たちは、おたがいにいりまじって活動していた。なお、ついでにつけくわえていえば、横山は二葉亭四迷や、内田魯庵、松原岩五郎ばかりか、病没する年の樋口一葉とも交流している。横山にたいする一葉の評価は、「不可思議の人」というものだが、日記には「半日がほどをかたりき」(明治二九年一月、「水のうえ」)

とある。都会底辺の細民の生活について語っていたのであろう。それらのひとたちのつながりが、当時の物書きたちの都市下層にむけた視点のほてりをあらわしている。

毎日新聞に入社

時代が急激に変化するときに、取り残され、脱落するひとたちがいる。鋭敏な感性があれば、時代の不幸を聞き取ろうとして当然である。都市細民の生活実態の貴重な記録であり、その救済を訴えた『日本の下層社会』をまとめる前、横山は毎日新聞(三一ページ参照)に入社していた。時あたかも、日清戦争開戦の直後だった。

日本資本主義ばかりか、日本の新聞もまたこの戦争によって大いに発達するようになる。戦勝記事は国民を熱狂させ、ナショナリズムをひろげ、発行部数はその後の日露戦争とあわせて、爆発的にふえる。日清戦争は、近代日本最初の本格的な対外戦争だったこともあって、各紙ともに従軍記者を派遣した。『国民新聞』の国木田独歩、松原岩五郎、『日本』の正岡子規などがそうだった。しかし、横山は前線へはむかわず、あたかもきびすを返すようにして郷里の魚津にむかい、戦争に直撃された庶民の生活を描く手法をとった。

一八九四(明治二七)年一二月八日から、『毎日新聞』紙上で断続的に、六回にわたって掲載された横山の第一作、「戦争と地方労役者」は、戦争勃発後の庶民生活の破綻が、書簡体によって描かれている。

戦争がはじまると、金融が逼迫、米価は暴騰、そればかりか、砂糖、石油、酒、醤油、味噌、酢、はては、ろうそく、線香の値段まで、あたかも堤防を決壊させた洪水のような止めどもない状態に水かさを上げ、庶民はついに豆腐どころかオカラさえ買うに窮する状態となっていた。

戦争はいつの世にあっても、庶民の生活を犠牲にしておこなわれる。戦場ばかりが地獄なのではない。横山のように、社会の底辺から国家を仰ぎみる視線をもちえていれば、戦場に行かなくとも、戦争の真実を見透すことができる。

「「政府（おかみ）の方達も無理なことせらるるものかな、朝鮮の国が東（どう）なろうと、西（こう）なろうとてそんな事は此方（こっち）の知ったことでなし、ほんに馬鹿な事せらるるものぞ。兵隊を沢山出して血気熾（さか）んの青年（わかいもの）死なせ大事の〳〵の金を蒙塵埃芥（ちりあくた）のように遣い失（す）てるなどいうは合点の行かぬ骨頂、それに聞けば支那という国は、日本の十倍もありということなれば、幾程此方が威張ったとて勝てるものではない。是（これ）はなんでも大臣とか参議とかいう上の役人共が仕業（しわざ）だ、それに違いない、馬鹿〳〵しい事（こ）った、ああ、世の中のことは一切訳（わか）らぬ事ばかりじゃ」是はこれ我労役者が開戦せられんとする当時、鬱積せる胸中の感慨を直写せる対外意見にて候かし。」（「戦争と地方労役者」『横山源之助全集』第一巻）

狷介孤高の気風

横山源之助が毎日新聞に在籍していたのは、五年間でしかなかった。あとは「社友」として寄稿する関係だった(立花雄一『評伝 横山源之助』)。が、内田魯庵は、前述のように、「僅か半年か一年位」という。内田によれば、横山は貧民街の取材で、観音の縁の下でも夜明しした〔く〕せして、「月給の安いのは辛抱(がまん)するがモ少し社を奇麗にして貰いたいナ」などと紙に書いては壁に張る、「壁訴訟」をもっぱらにしていた。

木賃宿に労働者と一緒に泊まったり、残飯屋をまわってあるいたりしていながら、会社を「汚い」などと、よくいうなあ、との反発が同僚たちにはあったようだ。横山は、自分を採用してくれた島田三郎にたいしては、「恩義」が先に立って、「親愛」が奥に隠れる。多分性格の相違で、自分のねじくれた性格のせいであろう、と公言していた。

労働運動へとのめりこむ

横山が退社したのは、一八九九(明治三二)年、『日本の下層社会』を書き終えるころだった。このころ、クリスチャン政治家の島田三郎が社主の『毎日新聞』は、足尾鉱毒被害農民の側にたって、果敢な政府批判をおこなっている。毎日新聞は、しばしば「自由、平等、博愛、正義、人道、平和是れ我毎日新聞の生命」との社告を掲載していた。陸羯南や三宅雪嶺の『日本』や黒岩涙香の『萬朝報』も、『毎日新聞』に協調的だったが、「被害民を救済しようという意欲にとぼしかった」(山本武利『新聞と民衆』紀伊国屋新書)、という。

この重要な時期に、横山が毎日新聞社を去った理由について、立花雄一は、「労働運動への彼の深いのめりこみようにあった」(「横山源之助小伝」岩波文庫版『日本の下層社会』所収)と書いている。初期の日本労働運動がひとつのピークに達したころで、片山潜の『労働世界』が創刊(一八九七年)される一方、労働組合期成会や片山や幸徳秋水、安部磯雄たちの「社会主義研究会」などが組織され(一八九八年)、労働争議や小作争議、米騒動などが各地で頻発した。横山は過労状態となって、いったん故郷の魚津に帰っている。

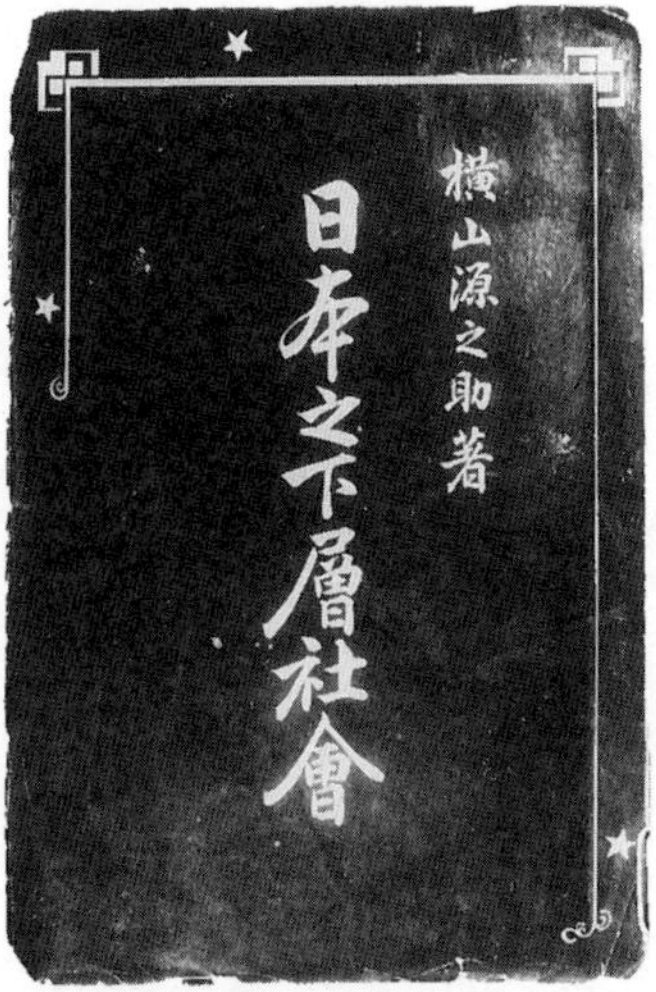

『日本の下層社会』
(提供・日本近代文学館)

写真でみると、横山は、鉄縁眼鏡の奥にやや細い、鋭い眼が光っていて、狷介孤高の気風を養っていたようだ。といって、それは妄りに妥協せず独立不羈、組織の枠にはおとなしく収まりきれない、自由の志向をしめすひとつの徽章とでもいうものかもしれない。

いまにつづく「底辺」のくらし

『日本の下層社会』は、東京の貧民状態、職人世界、手工業の現状、機械工場の労働者、小作人の生活事情などの社会調査をまとめたものである。ややオーバーにいえば、エンゲルスの『イギリスにおける労働者階級の状態』に匹敵する大事業といえる。

最近まで、「下層社会」などの表現は、「プロレタリアート」とおなじように、歴史の暗闇に葬り去られた、死語のようにあつかわれていた。ところが、横山のペンネームのひとつである「樹下石上人」たちが、いまや巷の片隅や駅の地下道や公園のベンチなどにごく日常的に出現しているのをみれば、「平成の貧民」がしだいに増大している状況を実感することができる。それればかりか、いつその群れに身を投じる運命になるかもしれない不安もひろがっている。

「一億総中流」などと、軽薄をもっぱらにするマスコミが大々的に喧伝し、本人自身もけっこうそんな幻想にとらわれ、「使い捨て」が美徳にされて、いっこうに不思議に思わないできた。といっても、それはたかだか六〇年代半ばから、八〇年代終りまでの三〇年たらず、一炊の夢から覚めてみれば、会社も個人も不良債権だらけである。

「減量」や「構造改革」や「リストラ」が世の趨勢となった。グルメ転じてジャンクフードが、市民の日常茶飯である。いまのところ、日本のコメの生産能力は落ちていない。だからこそ、白米が高騰する不安な状況には遭遇していない。それがせめてもの救いである。

「米価は日に騰貴し、白米小売相場二十円台に上りたることあり。当時、貧民に与えたる影響いかなりしとするぞ。あるいは残飯の事あるを以て一般世人に影響あるが如く貧民に米価の影響はこれなきを言うものあれども、妄も甚だし。残飯に制限あり、かつ米価の騰貴と共に残飯の価も等しく騰りたるを思えば、残飯に口を糊せる者にも同じく影響ありたること固より言を俟たず。唯々残飯の存するによりて少しく生活を寛うすることありたるを多とせんのみ。

残飯(上等)	百二十目につき	壱銭(四碗)
焦飯	百七十目につき	壱銭(五碗)
残菜	一人前一度分	一厘
残汁	同上	二厘

これ三、四年前調査せる残飯相場なりき。」(『日本の下層社会』)

大阪城の公園で、わたしが遭った五〇歳すぎの路上失業者は、自分の食料は「餌場」(ゴミ捨て場)で調達できるのだが、愛犬はドッグフードしか食べないので、カネがかかってしょうがない、と嘆いていた。餌代はあきカン拾いなどで捻出しているとのことだった。テントのそばに、なにやら由緒ありげな大型犬が坐っていた。それが彼のいまの伴侶なのだが、犬はこれまでどこかの家庭でいい暮らしをしていたらしく、残飯を食べる習慣はない。食事をめぐる人間と犬様との逆転に、かつて日本にたしかにあったデタラメな栄華が映しだされている。

横山源之助や松原岩五郎が記録した「底辺」が、ここにきてさほど異常なものとして受けとめられなくなった。横山が書きつづけたのは、異常な状態を興味本位に暴くためではなかった。眼をそむけたい事実を提示して、その問題を社会的に解決するためだった。

公刊されなかった〝官製『女工哀史』〟

一九〇三(明治三六)年に、農商務省商工局が調査、刊行した『職工事情』は、「労働力保全」と「国家安定」を図ろうとする政府によるものだった。全五巻一五〇〇ページに達する膨大な調査報告書であり、当時の貴重な労働調査として古典的な名著となっている。この調査にもとづいた、労働者を保護するための「工場法」が成立したのは、治安警察法が施行された一〇年後、一九一一(明治四四)年になってからだった。

それでも、さらに、工場法の施行が、一九一六(大正五)年と、大正デモクラシーの運動の昂揚に俟(ま)つしかなかったのだから、労働者の存在は、敝履(へいり)のごとし、だった。

毎日新聞を退社したあと、この調査に横山源之助も嘱託として起用され(一九〇〇年)、協力している。彼の手になるものか、紡績工女たちからの聞き取りは、日本の産業勃興期に実際にあった、女性労働者にたいする虐待の貴重な報告である。

「**盲目工女カノ直話**(速記)……糸が切れて織られないいんです。そうしたら昼間機を織っている処に来て、墨をつける棒で引っ敲いたり、晩方仕事をしもうてから、裸体にして口へ紙を一ぱい入れて息をさせないで、その上を手拭で縛って息が出られないようにして鼻から息をするようにして、泣いても聞こえないようにして、柱に縛って打ったり敲いたり毎晩処置されたんです。それから何故やら旦那のお飯を焚く槙がありやんすね、ああいう槙を足の股(脛と脛との間を指して)へ横に挟んで縄で跪り縛って人の前を裸体であよま(歩むの意なり)せる、痛くってあよまれないのに、むやみに引っ張って工女の前を歩かせたんです。まだあるよ、縄を股の下に入れて、股から肩へ襷に縛って、それをまた腰の処で縛って、そうした高い鴨居へ宙吊りに吊って打たれたんです。……それから寒中足袋も何も穿かんねえから足に霜焼(カノが両足を指しつつ示したるを見るに、焼跡らしき饅頭大の痕ありき)で穴が穿いてる。その穴へ受け取れねえちって、けんつる棒を突っ込んだんです。今度また受け取れねえちって、皆んな寝ても機の織れない者ばかり裸体にして、飯食う茶碗へ熱い湯を注いで、それを両手に持たして溢したといっちゃあ打つ、溢さねば熱うて持って居られねえし。」(犬丸義一校訂、岩波文庫版『職工事情』下巻)

このような労働者にたいする暴力、誘拐、争奪、逃亡などの残酷な事実が、同時進行形で記録されている。しかし、残念ながら戦後になるまで政府は復刻を許可しなかった。男女労働者の悲惨な実態がひろく伝わるのをおそれたからである(一九三六年に非売品としての謄写印刷版がある、という)。とすれば、個人の手によった横山などのルポルタージュが、当時の世論形成と労働運動の展開に役だっていたことになる。

横山は、労働運動の本質について、こう書いている。

「労働問題最後の解釈は賃銀問題にあらず、時間の縮小問題にあらず、若くは工場衛生問題にもあらず、他に大なる問題ありて存す。工業社会に占むる労働者は(ママ)位置問題なり、或意味にては資本家に対する権利問題なり、」(『内地雑居後之日本』)

至言である。労働運動とは、労働条件のためばかりではなく、労働者の人権の拡大の運動なのだ。だから、労働者の状況を具体的に描く。それが力をもたないはずがない。わたしはその信念を横山に学んだ。『追われゆく坑夫たち』『地の底の笑い話』など、筑豊の閉山地帯に腰を据え、炭坑労働者の状況を書きつづけた上野英信さんも、わたしのひそかな師のひとりである。

日本のルポルタージュの歴史のはじまりに、横山源之助をもつことができたのを、わたしは幸せと考えている。

三　元始、女性は太陽であった　平塚らいてう

1886–1971
(提供・日本近代文学館)

平塚らいてう略年譜

1886(明治19)	2月10日，東京に生まれる．本名は明(はる)
92(　25)	富士見小学校入学
98(　31)	東京女高師附属高等女学校入学
1903(　36)	日本女子大学家政科入学
06(　39)	20歳，日本女子大学卒業．禅の修業に励み，見性
07(　40)	閨秀文学会に参加
08(　41)	森田草平と交際，「塩原事件」
11(　44)	『青鞜』発刊，「らいてう」をペンネームとする
12(　45)	『青鞜』2巻4号発禁処分．尾竹紅吉入社
13(大正 2)	「自分は新しい女である」(『中央公論』)．「新しい女」論議．『円窓より』発禁
14(　3)	28歳，奥村博(のちに博史)との共同生活に入る．『現代と婦人の生活』刊行
15(　4)	『青鞜』発行権を伊藤野枝に譲る
16(　5)	『青鞜』無期休刊になる．「厄年」(『中央公論』)
17(　6)	『現代の男女へ』刊行
18(　7)	母性保護論争(与謝野晶子と)
19(　8)	エレン・ケイ『母性の復興』翻訳・刊行，『婦人と子供の権利』刊行
20(　9)	新婦人協会結成
26(　15)	『女性の言葉』刊行
29(昭和 4)	ミル『婦人の隷従』翻訳・刊行
30(　5)	成城に消費組合「我等の家」設立，組合長に．無産婦人芸術連盟に参加
33(　8)	『雲・草・人』刊行
48(　23)	『母子随筆』刊行
49(　24)	全面講和を求める要望書をダレス特使に提出
51(　26)	『われら母なれば』(櫛田ふき共編)刊行
53(　28)	日本婦人団体連合会結成，会長となる．国際民主婦人連盟副会長就任
55(　30)	『わたくしの歩いた道』刊行．世界平和アピール7人委員会のメンバーになる
66(　41)	ベトナム戦争終結のための「訴え」を発表
71(　46)	5月24日死去，85歳．自伝『元始，女性は太陽であった』刊行

ジャーナリストらいてう

平塚らいてうをジャーナリスト列伝のひとりにいれるのに、抵抗を感じるひとが多いかもしれない。大正デモクラシーよりもひと足はやく、明治末年、「元始、女性は実に太陽であった」とたからかに宣言して登場、日本の女性解放運動の第一走者として颯爽とスタートを切り、明治、大正、昭和の三代にわたる社会運動のなかをくぐり抜けてきた女性を、ジャーナリスト群のなかに押しこめるのは、わたし自身にとっても、いくぶんの抵抗がないわけではない。

しかし、たとえば、次章に紹介する大杉榮も、社会運動の進展のために、自力で雑誌や新聞を発行し、あるいは総合雑誌での論争を引き受けるなど、文筆での活動に大きなエネルギーを割いている。

とおなじように、らいてうがまず女性だけの手によって雑誌を発刊し、自分たちの発言の場をつくりながら、当時の先進的な女性たちを組織していったのは、やはりジャーナリストとしての卓抜な活動だった、と考えることができる。

言論の力、とりわけ文章の力によって時代とむかいあい、時代の扉をこじあけようとするものが、すぐれたジャーナリストである。らいてうは女性たちを組織する磁場のような存在だった。彼女は女たちのあたらしい運動をはじめて歴史に名を残した人物だが、運動家というよりは、ジャーナリスト、さらにそれよりは人生の探求者、といったイメージがつよい。

『青鞜』創刊

二五歳、面長のどこかおっとりした表情の平塚らいてうが、一九一一(明治四四)年九月、友人たちを集めて雑誌を発行した。『青鞜』の誕生である。創立メンバーや「社員」(同人)の中心が、創立一〇年をむかえたばかりの、私立の日本女子大学校を卒業した女性たちだった。

　その後もながらく、「女に教育はいらない」「教育のある女は生意気だ」とされてきたのだが、明治も末年になって、ついに目覚めた女たちがあらわれた。『青鞜』は、女性たちの自己主張と現実参加へと昂まってきた想いを掬(すく)いあげる、女たちの雑誌だった。

が、たちまちにして、「新しい女」たちにたいして、世間から冷笑、嘲笑、侮蔑、揶揄、罵倒が浴びせられた。あるいは男たちの恐怖と憎悪の対象とされ、なにやらスキャンダラスなものとして眺められるようになったのは、当時の男社会の旧弊さをよくあらわしている。

　雑誌は時代のなかから生まれ、時代を反映する媒体である。と同時に『青鞜』が、男たちの意識を映しだす鏡ともなったのは皮肉である。この雑誌をとりまいたスキャンダル性は、時代の殻を破るエネルギーをあらわし、ガヤガヤ騒ぎは時代の扉をあけさせまいとする逆流のひびきだった。

『青鞜』が世にでた一九一一年とは、幸徳秋水や管野須賀子など一二人が、「大逆事件」という名で処刑(一月)されてはじまった年だった。「冬の時代」と呼ばれ、世の中が凍りついたような時代、社会主義者たちが沈黙を守っていたときに、突然のように女たちだけの雑誌が発刊された。

わが国初の女性解放宣言

「元始、女性は実に太陽であった。真正の人であった。

今、女性は月である。他に依って生き、他の光によって輝く、病人のような蒼白い顔の月である。

偖(さ)て、ここに「青鞜」は初声を上げた。

現代の日本の女性の頭脳と手によって始めて出来た「青鞜」は初声を上げた。

女性のなすことは今は只(ただ)嘲りの笑を招くばかりである。

私はよく知っている、嘲りの笑の下に隠れたる或ものを。

そして私は少しも恐れない。

併(しか)し、どうしよう女性みずからがみずからの上に更に新(あらた)にした羞恥と汚辱の惨(いた)ましさを。

女性とは斯(か)くも嘔吐に価するものだろうか、
否々、真正の人とは――」

（「元始女性は太陽であった。――青鞜発刊に際して――」）

よく知られている一節である。一六ページにもおよぶ「宣言」だが、平塚らいてう自伝『元始、女性は太陽であった』（以下、『自伝』）によれば、一晩で書き上げた、という。個人的な集中力、というよりは、なん代にもわたって抑圧されてきた女性の内側からの叫びに従った、といえるものであろう。

らいてうは、その反響について、つぎのように書いている。

「「青鞜」創刊号は、「朝日」「読売」「国民」の三つの新聞に小さな広告を出しただけですが、その反響は予想外に大きなものでした。現在の女の生活に、疑いや不満や失望を抱きながら、因襲の重石(おもし)をハネのけるだけの勇気と実力を欠いていたこの時代の多くの若い女性の胸に、「女ばかりで作った女の雑誌」「青鞜」の出現が、一つの衝撃を与えたことは確かでした。連日のように熱烈な感情をこめた手紙がよせられ、入社や雑誌の購読申込みがつづいて、わたくしたちを驚かせました」（『自伝』）

禅によって拓かれた境地

このころのらいてうの写真をみると、黒目がちの大きくみひらいた目は、まっすぐに外側にむかっているようでありながら、実は自分の内側にむけられて強い光を放っているようである。その三年前、ドストエフスキーの『罪と罰』に影響され、あなたを殺してみたい、という漱石門下の森田草平とともに、雪の塩原の尾花峠にでかけている。

この奇妙な道行の顚末は、「情死未遂事件」として恰好(かっこう)の新聞沙汰になり、「情欲満足主義の最高潮」などとセンセーショナルにあつかわれている。が、らいてうは、森田の頼みをきくことしか考えていなかったようだ。彼女は禅の修行によって、すでに生死を問題にしない無我を確立していた。

『青鞜』の宣言には、「私は無暗(むやみ)と男性を羨み、男性に真似て、彼等の歩んだ同じ道を少しく遅れて歩もうとする女性を見るに忍びない」とも書かれている。社会経験などまだなにもない二五歳の女性が、男との競争意識などを超越した、宇宙的な視点を確立していたのを知ることができる。

「然(しか)らば私の希(ねが)う真の自由解放とは何だろう。云う迄もなく潜める天才を、偉大なる潜在能力を十二分に発揮させることに外ならぬ。それには発展の妨害となるものの総てをまず取除かねばならぬ。それは外的の圧迫だろうか、はたまた智識の不足だろうか、否、それらも全くなくはあるまい、併し其(その)主たるものは矢張り我そのもの、天才の所有者、天才の宿れる宮なる我そのものである。
我れ我を遊離する時、潜める天才は発現する。
私共は我がうちなる潜める天才の為めに我を犠牲にせねばならぬ。所謂無我にならねばならぬ。(無我とは自己拡大の極致である。)」

参禅によって切り拓かれた境地である。宣言の冒頭の一行に、「真正の人」との言葉がある。「真人」「本当の自由人」「宇宙の心に生きぬく神人」などの言葉もつかわれている。らいてうは、男と女という性を超えた人間の完成を目指していたから、「心中未遂事件」のスキャンダルなどにひるむことはなかった。

このような、なにものにも拘泥しない、他人の視線にたじろぐことのない、玲瓏の視線が、当時の写真に映しだされている。

「山の動く日来る」

『青鞜』は、あたかも文芸雑誌として出発している。規約には、「女流文学の発達を計り」とあるのだが、らいてうによれば、草案では「女子の覚醒を促し」とあったのを、後見役である小説家の生田長江の意見にしたがって直した、という。戦略として文芸誌の体裁をとった、ともいえる。

　さらに生田が、賛助会員として、森鷗外、国木田独歩、小栗風葉など有名作家の妻たちにもはいってもらうようにアドバイスしたのは、たんに有名人で飾りたてるというよりは、大逆事件直後の冬の時代に、思想雑誌として出発することへの強い懸念から、弾圧にたいする防御の構えもあったであろう。

　このころ、時事問題をあつかう場合は、新聞紙法(出版物でも)によって、保証金を支払う必要があった。『青鞜』は文芸の同人雑誌だったから、新聞紙法の適用をうけなかった。やはり文芸雑誌の体裁をとって出発した大杉榮と荒畑寒村の『近代思想』は、翌一九一二年の創刊だから、女性たちのほうがいちはやいスタートを切った。

『青鞜』創刊号
(提供・日本近代文学館)

　創刊号の表紙は、のちに高村光太郎の『智恵子抄』でよく知られることになる、長沼智恵子が描いたものである。アルフォンス・ミュシャ風、髪飾りをつけたアールヌーボーの曲線の女性が直立している姿を、シンメトリーにあつかっている。智恵子は、日本女子大学校でらいてうの一級しただった。

巻頭を飾ったのは、与謝野晶子の詩「そぞろごと」だった。らいてうが晶子を自宅に訪問して依頼した。

山の動く日来（きた）る。
かく云へども人われを信ぜじ。
山は姑（しばら）く眠りしのみ。
その昔に於て
山は皆火に燃えて動きしものを。
されど、そは信ぜずともよし。
人よ、ああ、唯これを信ぜよ。
すべて眠りし女（をなご）今ぞ目覚めて動くなる。

一人称（いちにんしょう）にてのみ物書かばや。
われは女（をなご）ぞ。

一人称にてのみ物書かばや。
われは。われは。

眠れる女たちが、はじめて動きだした実感である。原稿依頼にいったらいてうに、与謝野晶子は、「女は駄目だ」とさかんにいっていた、という。晶子とむかいあって坐っていたらいてうは、女性も一個の人間として自覚し、その自我を全的に解放する精神革命が必要だ、と持論を力説したのであろう。八歳したのらいてうへの共鳴が、この詩を力強いものにしている。

『青鞜』は、ロンドン屈指の資産家である、モンタギュー夫人のサロンに集まった女性たちが、青い靴下を履いていた故事にちなんでいる。その「ブルーストッキング」に、青鞜の訳語を宛てた。本家のイギリスのほうが保守的で、文芸的なサロンに終始、女権について論じられることはなかった。「青鞜社の辿(たど)った道とはかなりかけ離れたもの」とらいてうは自信をしめしている。

たしかに、創刊を準備していたころ、らいてう自身にも、女性解放の道をひらくとか、女権宣言をするという明確な意識はなかった。それでも、女たちの潜在的な能力を外から抑えられている、不合理、不条理にたいして、「たたかいの意志がなかったわけではない」と彼女は書いている。らいてう自身、この雑誌によって自己発展を「辿った」のだった。

「新しい女」と世間の常識

自分の内面だけをみつめ、自己の人間的な成長だけを考えていた、育ちのいい女性だったらいてうは、我欲がないだけ、自己表現を欲していた女性たちの磁場になりきっていた。らいてうの存在そのものが、おんなたちの媒体だった。禅の修行を通じて真空状態になりえていたからこそ、近代の出口をもとめていた、元始さながらのおんなたちの生命の突破口になった。

参禅について、らいてうは、女子大三年のとき、日暮里の田んぼの中にあった「両忘庵」に、毎朝五時に起きて通った、と書いている(『自伝』)。卒業した夏に、悟りを得た(見性(けんしょう))、として慧薫(えくん)の法名を受けた。「心身一如」のプライドが、二〇代はじめの女性にしては、ものごとに動じない静謐さをしめしている。

鎌倉円覚寺別棟の庵に、参禅に来ていて、境内を逍遥していたらいてうの姿を、帝国ホテルの犬丸徹三が書いている(『ホテルと共に七十年』展望社)。

わたしが、らいてうの特異な存在に魅力を感じさせられたのは、彼女よりひとつだけ年長の大杉榮の評伝を書いているときだった。大杉榮とかかわりの深かった伊藤野枝や神近市子が書いたものを読んでいて、らいてうの存在の大きさを感じさせられるようになった。

彼女たちは、文京区駒込の茶畑の一郭、六〇〇坪ほどの広壮な屋敷の奥、円窓のある二間つづきの部屋にいるらいてうを訪問して認められ、物書きとしてデビューしている。『青鞜』の場が、彼女たちをふくめて、表紙絵を描くようになった尾竹紅吉（こうきち）や『青鞜』の最後期になって、はじめて寄稿した吉屋信子など、一〇代から二〇代はじめの新しい女をつくりだした。

いわば、学生サークル、あるいはグループサウンズやロックグループのような登場の仕方によって、青鞜同人の日本女子大の同窓生たちは、男たちから冷笑され、「気位は目白台より高くなり」などと揶揄されながら、歴史的なたしかな存在としてあらわれた。二五歳だったらいてう自身、『青鞜』の発刊によって思いがけない自己を発見していた。

新聞記者たちは、青鞜同人の動静をうかがいながら、「五色の酒」（カクテル）を飲むとか、吉原へいって遊郭にあがったとか、釣鐘マントを着て町をあるいているとか、「和製ノラ」とか、高みにたって面白おかしく書きたてた。いまとさほど変わらないやり口である。

世間の非難、攻撃、圧迫にたいして、らいてうは、「各人一人びとりでの言論とそれの実践しかなかったのです。頼るものは、自分一人の力と信念ただそれだけで、ほかに何もないのでした」（『自伝』）という。

このとき、らいてうたちが闘っていた相手は、政治権力などではなかった。もっととらえどころのない、「世間の常識」というものだった。いわば、男を中心にした社会の価値観そのものだった。それを支持するのもまた、おんなたちだった。

〝青鞜の時代〟の新聞を繰っていると、女の同性心中が多いことに注目して、堀場清子は、抑圧的な現実の男を排除しての、愛の純粋培養への夢、と書いている。

「そこから更に進んで、家制度の外側に、〝愛の解放区〟を作ろうとする選手が出現するのは、必然の成り行きであろう。〝青鞜の時代〟の、らいてう紅吉に続いて、多くのカップルが世にうたわれた。深尾須磨子と荻野綾子、吉屋信子と門馬千代、金子しげりと市川房枝、湯浅芳子と中条百合子、等々。終生それを幸福に全うしたのは、吉屋信子と門馬千代のみだが、数年前(信子没後)、千代さんにお会いした時の言葉が忘れがたい。

「もうもう、あの頃の男ときたら、そりゃ威張って、威張って。なんとしても、あの家父長抜きで暮らしたいと思ったのよ!」」(堀場清子『青鞜の時代』)

冬の時代に、自由と民主主義をもとめてようやく動きはじめた大正デモクラシー運動よりもひとあしはやく、まだ年若いおんなたちによる、言論を中心とした清新の運動がはじまったことは、日本の歴史のなかでも特筆に価する。その前年、アメリカで「国際婦人デー」がおこなわれている。が、それは報道されなかったため、らいてうたちには知るよしもなかった。

伊藤野枝・神近市子との出会い

伊藤野枝が最初にあらわれたときのことを、らいてうはつぎのように描いている。彼女の

「円窓の部屋」にはいってきたお手伝いさんが、「十五、六ほどのお守（もり）さんのような方」といって取り次いだ。その女性が将来、『青鞜』を引き継ぐことになろうとは、このとき、らいてうは想像だにしない。

「小柄ながっちりとしたからだに、赤いメリンスの半幅帯を貝の口にぴんと結んだ野枝さんの感じは、これで女学校を出ているのかと思うほど子どもらしい感じでした。健康そうな血色のいいふっくりした丸顔のなかによく光る眼は、彼女が勝ち気な、意地っぱりの娘であることを物語っています。

その黒目勝ちの大きく澄んだ眼は、教養や聡明さに輝くというより、野生の動物のそれのように、生まれたままの自然さでみひらかれていました。話につれて丸い鼻孔をふくらませる独特の表情や、薄く大きい唇が波うつように歪んで動くのが、人工で装ったものとはまったく反対の、じつに自然なものを身辺から発散させています。生命力に溢れるこの少女が、初対面のわたくしに悪びれもせず、自分のいいたいだけのことを、きちんと筋道立てていう態度には、紅吉の場合とは別の意味での、情熱的な魅力が感じられるのでした。」(『自伝』)

これが伊藤野枝との出会いだった。このやわらかな、無私の視線が、すぐれたジャーナリストとしての観察眼をしめしている。というよりも、本人自身の人格をよくあらわしている。

一方、大杉榮をめぐって、伊藤野枝と宿命のライバルとなる、神近市子については、つぎのように書かれている。

「神近さんが青鞜社に入られたのは、将来文筆をもって立とうとする志からのことでしょうが、一つには学校や教会に対して、彼女の若わかしい魂が、無意識のうちに抱いている反抗心や、従来の女の生活に対する不満などが、「青鞜」に対する憧憬となり、共鳴となったものでしょう。

そしてわたくしたちの中に、はじめて自分の求めていた自由の雰囲気を見出したのか、その日の神近さんは幸福を抑えきれないというふうに、しきりに盃を重ねるのでした。」

(『自伝』)

この日は、上野にちかい鶯谷の会席料理屋で、『青鞜』発行一周年の宴会が、親しいもの同士でひらかれていた。はじめて『青鞜』のメンバーといっしょの席になった神近は、やや興奮状態で、よく飲み、よく喋っていたのだが、飲みすぎて倒れてしまう。

「私は悪かった、悪いことをした、このことは決してだれにもいわないでください」とらいてうはさかんに念をおされた、という。このとき神近は女子英学塾(津田塾大学)の学生だった。身分がバレないようにペンネームで執筆していたのだが、津田梅子塾長に露見して、卒業させるのを条件に、弘前市(青森県)の県立高等女学校の英語教師として遠ざけられる。

が、そこでも、『青鞜』の社員だったことがたたって、一学期で追放される。まるで過激派あつかいである。青鞜社にいた、というだけの理由である。

津田校長は、全校生徒をあつめて、「青鞜社は危険思想である、悪魔である、この学校の生徒は一人でもそういう悪魔のために迷わされてはならないということで、お祈りした。」(『自伝』)。青鞜は「良妻賢母」の淑徳に敵対する、価値紊乱者の集まりであるとされていた。

大隈重信は、「新しい女」にたいして、つぎのように語っていた。

「新しい女は動物に近い。離婚を尊ぶようだ。婦人は結婚しなければ肩身が狭くなり自然に背いて若死にする。新しい女はそれを尊んでいるから、そんな思想の女性は死んだがよい。」(『東京日日新聞』大正二年四月八日、清水孝『裁かれる大正の女たち』中公新書、一九九四年、所収)

一九一三(大正二)年二月の第一回青鞜社講演会の記事には、つぎのように書かれている。

「参会者は青鞜社員のほとんど全部と、神戸・大阪あたりから、わざ〳〵かけつけた猛烈な者あり、他に新しがりの女生徒連と、これら新し屋の尻を追い廻し無闇に嬉しがるへなへな文士で参会者六百名という大盛況。何さま思想の自由と肉の解放を絶叫する女どもの会合なので、見渡すところ処女らしきものは一人もなく、本能に飢えたるアバズレばかり。彼らの目は絶えず稲妻の如く神経質に閃き肉の色は荒みきって見るからに惨(いたま)しき感傷

の色がみなぎっている。」（『報知新聞』大正二年二月一六日、前掲書所収）

その後、『青鞜』は二回にわたって、「風俗壊乱」を理由に発売禁止処分を受けた。さらに、一回の注意処分をうけ、ついには、らいてう自身の第一評論集『円窓より』も発禁命令をうけている。

『青鞜』に掲載された小説が、姦通罪や堕胎罪や共産主義にふれている、として「安寧秩序紊乱」に問われた、とみられている。そのころ官憲側が、発禁の理由をはっきりさせることはなかった。

いまだ、青鞜時代か

最初は小説の発表の場をもとめてあつまってきた「女流作家」が多かったにせよ、まもなく、伊藤野枝や神近市子の存在が示しているように、「婦人の覚醒」がテーマになっていった。『青鞜』の発刊が、社会主義者の運動などではなく、らいてうがいうように、「抑えつけられていた女の全生命そのものの爆発」だとしても、警察にとっては「道徳の破壊」として取り締まりの対象であり、マスコミはその尻馬に乗って書きたてた。

それから九一年たったいまなお、女性の地位は、社会において、職場において、家庭においていまだひくく、たとえば、「夫婦別姓」は認められず、これを「国家観の問題」だとして退けようとする、保守的な国会議員もすくなくない。たとえば、「姓が変わると仕事に不便だとか、アイデンティティーが損なわれるとかいうが、それが結婚というものです」とさえいう女性議員もいる。いまだ、青鞜の主張がふるびてしまったとはいえない。

大正の女性たちが、自己に忠実に生きようとしはじめたことにたいして、国家権力をささえる男たちは、「家族制度」「醇風美俗」の崩壊として、恐怖していた。いまでも、教育勅語にノスタルジアを感じているひとたちがいるのだから、そのころの男ばかりが問題なのではない。

高級官僚の娘だった平塚らいてうは、家庭のなかでは自由にそだてられていた。彼女の関心は、女性としてどう生きるかではなく、人間としてどう生きるのか、との自分にたいする問いかけだった。そこから、社会に目をむけるようになる。

「すべての既成概念から解放され」ていた「無我の境地」に、男女の差別などはいるわけがなかった。『青鞜』は、自分にもっと忠実に生きようとする女性たちの小宇宙だった。たとえば、伊藤野枝や神近市子ばかりでなく、与謝野晶子も長沼智恵子も尾竹紅吉もそうだった。

「生きている人よりも、亡くなった人の方がはるかに多く、自殺した安田皐月さんや、伊藤野枝さんのような死に方をした人は別としても、どうも短命の人が多かったのでした。今日の女の人たちの組織的な団体運動とちがい、半世紀前の女が、自分の道を生かして生きぬくことの、いかに苦悩多く、むずかしい時代であったかを、そのことは物語っているようにおもわれます。多かれ少なかれ、一人ひとりの実践でのたたかいで、いわば体当りの直接行動でしたから、その傷つき方も、大きかったと言えましょう。」(『自伝』)

時代の転換期(転形期)には、あたらしい表現が必要とされ、あたらしい表現媒体が準備される。それをつくりだして、らいてうはあたらしい時代のドアをあけた。

が、彼女は雑誌にこだわることなく、それを伊藤野枝にあっさり譲り渡した。

四　自由への疾走　大杉　榮

1885–1923
（提供・日本近代文学館）

大杉榮略年譜

1885(明治18)	1月17日，香川県丸亀に生まれる
89(　22)	4歳，新潟県新発田に移る．大日本帝国憲法発布
92(　25)	『萬朝報』創刊
98(　31)	片山潜，幸徳秋水ら「社会主義研究会」を結成
99(　32)	14歳，2回目の受験で名古屋の幼年学校入学
1901(　34)	16歳，退校処分を受ける
02(　35)	東京で中学校入学．海老名弾正から洗礼を受ける
03(　36)	外国語学校仏語科入学(05年卒業)，平民社の社会主義研究会に出席．幸徳秋水・堺利彦らの『平民新聞』が創刊(翌年1月，64号で発行停止)
04(　37)	日露戦争．海老名弾正の戦争支持に反発，宗教を棄てる
06(　39)	21歳，日本社会党に加盟．電車賃値上げ反対運動で逮捕．堀保子と結婚．日本エスペラント協会に参加
07(　40)	クロポトキン「青年に訴う」訳載で巣鴨監獄に入獄
08(　41)	金曜会屋上演説事件で検束．「赤旗事件」で懲役2年6ヶ月，千葉監獄に入獄
10(　43)	大逆事件のあと出獄．翌年，堺利彦らの売文社に参加
12(大正 1)	荒畑寒村と『近代思想』を創刊
14(　3)	『近代思想』を廃刊，月刊『平民新聞』を創刊 ダーウィン『生の闘争』刊行，『種の起源』翻訳・刊行
15(　4)	『平民新聞』廃刊，『近代思想』復刊
16(　5)	『近代思想』廃刊．伊藤野枝と同棲．神近市子に刺される(日蔭茶屋事件)．『労働運動の哲学』刊行
17(　6)	堀保子と別れる．ロシア革命支持の論陣． ロマン・ロラン『民衆芸術論』，クロポトキン『相互扶助論』翻訳・刊行
18(　7)	『文明批評』『労働新聞』発刊，ともに発禁から停刊
19(　8)	巡査殴打事件，『労働運動』発刊，豊多摩監獄入獄．『獄中記』刊行
20(　9)	上海に密航，日本社会主義同盟結成．コミンテルンの極東社会主義者会議出席． クロポトキン『一革命家の思い出』刊行
21(　10)	週刊『労働運動』，月刊『労働運動』創刊．『自叙伝』連載開始
22(　11)	伊藤野枝と共著の『二人の革命家』刊行，ファーブル『昆虫記』翻訳・刊行．上海に渡る
23(　12)	密航してパリに到着．メーデー演説で収監，国外追放 帰国後，関東大震災．9月16日，野枝，甥の橘宗一と共に虐殺，38歳

「一等俳優」

大杉榮の一生について、久米正雄は、「一等俳優」と表現している。

「大杉君の存在は、善悪とも、彼の一等俳優な所にある。一芝居打つところにある。大見得を切る事そこが悪いところでもあり、いい所でもあった。大見得を切って幼年校を飛出し、大見得を切って神近氏に刺され、大見得を切って仏蘭西に行き、最後に大見得を切って、井戸の中へ放り込まれた形である。」(『改造』一九二三年一一月号)

簡にして要を得た、言い切り方である。

大杉は颯爽としていた。出処進退のはっきりした、一代の快男児だった。腕っ節が強かったし、頭の回転がはやかった。度胸があって、仁義に篤かった。女たちばかりか、男たちにも人気があった。

しかし、最期は、妻の伊藤野枝、まだ六歳の甥の橘宗一（むねかず）ともども、憲兵たちに寄ってたかってなぶり殺され、簀（す）巻きにされて空（から）井戸に放りこまれる。たしかに、悲劇的な生涯のようにみえなくもないが、本人にとっては充実した、活力にみちみちた人生だった。

久米正雄によれば、彼のところに遊びにきた芥川龍之介は、「大杉は……軍人を、誰よりも尊敬していた為に殺されたのだね」といった、という。芥川一流の逆説的な表現である。

芥川は久米に、「大杉は相手を尊敬して殺す気づかいはないと思っていたので、ムザムザあいう目に会った」といった。それについて、久米は一理ないわけではない、と同感している。たしかに、軍人一家に育った人間が、軍隊に殺される、とは本人自身も想像していなかったであろう。

陸軍幼年学校の時代

一九二三年九月、関東大震災のさなか、非業の死を遂げた大杉榮は、教科書にもとりあげられている、大正時代を代表するアナキストだった。

というよりも、才気煥発、生き生きした筆致で書きすすめられた『自叙伝』は、日本の自叙伝のなかでも傑出した作品であり、密入国先のフランスで演説して逮捕され、パリの牢獄の内部まで描いた『日本脱出記』は、血湧き肉躍る波瀾万丈のドキュメンタリーである。

そしてまた、大正デモクラシーの先駆けとなった雑誌『近代思想』の創刊に、文化運動の組織者としての編集者の才能が発揮されている。

意外にも、大杉榮は、陸軍軍人の長男だった。生まれたのは香川県丸亀だったが、四歳のときに、父親の東(あずま)が陸軍の新発田(しばた)一六聯隊(新潟県)に転勤、一四歳で名古屋の陸軍幼年学校に入学するまで、新発田の練兵場ちかく、軍人が多く住んでいる界隈で暮らしていた。いま、自衛隊の基地になっている地域だが、大杉の生まれと育ちに軍隊が深くかかわっている。

父親の大杉東は、勇猛果敢な陸軍大隊長だった。日清戦争と日露戦争の二回ともに出征し、金鵄勲章を受章している。叔父や従兄弟に陸軍の将校がいたこともあって、大杉少年の将来の夢は、「陸軍元帥」だった。それは親戚をふくめての期待でもあった。陸軍幼年学校への入学は、そのための必然のコースであり、その先に陸軍大学校が予定されていた。

しかし、「大見得を切って幼年校を飛出し」と久米正雄が書いているように、束縛にたいして、生理的な拒絶反応を感じるような多感な少年には、旧弊な軍人養成のシステムなど耐えられるものではなかった。

「僕は幼年学校で、まだほんの子供の時の、学校の先生からも遁(のが)れ父や母の目からも遁れて、終日練兵場で遊び暮らした新発田の自由な空を思った。」(『自叙伝』)

授業時間の一時間を、膝の上にちゃんと手を置いて、不動の姿勢のまま、瞬きひとつせずに、先生の顔をにらめている、と幼年学校の不自由さについて、大杉は書いている(『自叙伝』)。すべて強制と服従との世界は、少年の心に「自由」への渇望をますます激しいものにしていた。

軍人になるべく、射撃訓練などを受けていた職業軍人の子であっても、大杉の合理的精神は、軍隊の教育を拒絶した。久米が書いているような、自主退学ではなかった。退校処分だった。

校内での生徒同士の喧嘩が原因で、本人はナイフで三ヶ所も刺され、重傷のまま放校となった。

大杉の上級生たちとの喧嘩や決闘は、秩序への反抗でもあった。幼年学校での成績は、訓育(実科)はトップだったが、操行はビリだった。

上京から死まで

結局、「陸軍元帥」の夢は、二年生の秋で挫折する。自由への思いを抑えきれなくなっていた。いったん帰郷してから、東京にでた。中学校にはいり直さなくては、上の学校へすすめないからだった。昼は神田猿楽町の予備校に通い、夜は四谷のフランス語学校に通っていた。

父親の東は、息子が社会主義者になったのは、フランス語を勉強したからだ、と慨嘆していた。大杉自身もそれを否定はしていない。東京にきてから通うことになった四谷のフランス語学校は、とても自由な雰囲気で、大杉の気分にぴったりだった。

そのあと、彼は外国語学校(現在の東京外国語大学)仏語科に入学して、フランスのアナキストの論文などを翻訳するようになる。後年、上海経由でフランスに密航、パリ郊外のサン・ドニ市のメーデー会場で、フランス語で演説(久米のいう大見得を切って)して逮捕、パリのラ・サンテ監獄に投獄される。

大杉榮の『日本脱出記』は、彼の精神の躍動を映しだしているような文体で、テンポがはやい。メーデー会場にむかう、路面電車のなかで出会った、メーデーの休みを利用して家族連れでピクニックにでかける労働者の描写などは、そのころ停滞していたフランスの労働運動の状況を生き生きと伝えている。

歯切れがよく、軽快で、平明な文体の『日本脱出記』は、若いころに読んでいた、わたしにとっての愛着の深い作品だった。その文庫本を片手にリヨンへ取材にいくことにしたのは、永井荷風の『ふらんす物語』にも登場する、この古い歴史のある町が好きだったからだ。ローヌ川とソーヌ川にはさまれた赤煉瓦の屋根の林立を、丘のうえから眺めるのが気にいっていた。

知りあいのリヨン第二大学東アジア研究所の助教授たちのアドバイスによって、わたしは大杉が逮捕される直前まで潜んでいた、ちいさなホテルを発見することができた。そればかりか彼がよく会っていた、中国人のアナキストたちが通学していた「中法学院」の跡やサン・ドニで大杉が逮捕されたメーデー会場、それに当時の新聞記事もみつけて、『大杉榮 自由への疾走』を書くことができた。

大杉の時代は、社会主義運動といっても、組織はちいさく、政治活動というよりは、文筆による啓蒙運動が中心になっていた。この本で大杉を「ジャーナリスト」としてあつかったのは、彼が独力で雑誌や新聞を発行したからばかりではない。時代にたいする批判的視点と文体のスピード感に学びたいからである。『獄中記』などにも、ものごとを対象化して捉える、醒めた眼がある。

もしも、大杉がサン・ドニのメーデー会場で、危険もかえりみず演説などしていなかったなら、フランスの官憲に逮捕されることはなかった。もしもそのとき逮捕されていなかったなら、関東大震災直前の東京に、フランスから強制送還されることはなかった。

そしてさらにもしも、芥川がいうように、軍隊にたいする警戒をおこたらなかったなら、憲兵隊によって拘束され、戒厳令のどさくさまぎれに、倒壊した瓦礫とともに古井戸に放りこまれるなどありえなかった。

大震災のあと、まだ大杉が生きていたころから、「大杉は殺された」という噂は飛びかっていた。それを耳にした本人は、一笑に付していた。彼は危険を避け、道を迂回して歩くことはしなかった。自分に降りかかってくるものは、なんでも引き受けるのが流儀だった。彼は、逮捕も投獄もすべて、自分を鍛えるための手段にしていた。「一犯一語」。一回の逮捕で、一外国語を獲得する。それがモットーだった。外国語学習以外にも、獄中では猛然と本を読んでいた。

大杉が憲兵隊に拘束されたのは、関東大震災から、二週間ほどたってからである。自宅ちかくに張り込んでいた甘粕正彦憲兵大尉によって、伊藤野枝、橘宗一ともども、大手町、皇居前にあった憲兵隊本部に連行された。おそらく、彼は昂然と頭をあげて門をくぐった。

その一二年前、幸徳秋水、管野須賀子など一二人が一挙に処刑されたとき、「大逆罪」というおどろおどろしい罪名がつけられたとはいえ、一応の裁判はあった。ところが、大杉榮、伊藤野枝、そして六歳の橘宗一には、なんの容疑もなく、なんの裁判もないまま、連行したその夜、その場で殺害した。暗殺である。

その罪は、「愛国者」甘粕大尉と部下でもない四人の兵隊に引き受けさせられた。甘粕大尉は、懲役一〇年(三年で仮出所)、森曹長は懲役三年(一年半で仮出所)、ほかの三人は無罪となった。デタラメである。軍隊が全権を握った戒厳令下だったから、なんでもできた。

『平民新聞』の創刊

新発田から東京にでてきて自由を満喫できるようになった大杉は、幸徳秋水や堺利彦などが活躍していた『萬朝報』を愛読するようになっていた。陸軍幼年学校では自由な外出はおろか、新聞さえ読むことはできなかった。萬朝報を読むようになったのは、その新聞がいちばん安かったからだ。

大杉が上京したのは、一九〇二年。その前年の七月二日、「趣味と実益との無尽蔵」と銘打っている萬朝報は、社長の黒岩周六(涙香)の名前で、「平和的なる檄文」を掲載している。「倶に社会救済の為めに理想的団結を作らん」とする「理想団」宣言である。

「人々の胸の底に、如何ほど微弱にもせよ社会を救い度しとの念あらば、其社会は未だ必ずしも亡びざる可し、救うに救われぬ事は無き社会なる可し、火は一点の微と雖も之を育つるに方法を以てせば、頓ては天をも焦さんとする炎々の勢を現じ来らん、」

「殊に吾人は本来に於て、不肖と雖も社会の救済を期す可き新聞紙の従事者なり、団の成ると成らざると、有ると無きとに拘らず、此新聞紙を以て此志に尽さざる可からず、真に念々油断す可からざる者なり、吾人が団に尽すは、一に新聞紙を以てし、次に新聞紙以外の一身を以てせざる可からず、過日特に新聞紙を以て呼号し新聞紙を以て努力し、一意社会の為に労するを期せば、団と新聞紙とは別と雖も一に俏、其の致す所は自から同じきに帰するを得ん」

『萬朝報』の第一面をつぶして「檄文」を掲載した理想団は、キリスト者の内村鑑三、社会主義者の幸徳秋水、堺利彦、それに黒岩周六、萬朝報の主筆・円城寺天山などが発起人となり、安部磯雄、片山潜、木下尚江をはじめ、弁護士、教師などが参加した、革新的な団体だった。

理想団運動によって、日清戦争後の権力の強化に対抗しようというものだったが、その中心を担っていた萬朝報は、一九〇三(明治三六)年一〇月、営業的利益を理由に、それまでの日露非戦論をかなぐり捨て、開戦論に転換した。

これにたいして、非戦論の論調を掲げていた堺利彦、幸徳秋水は連名で「退社の辞」を、内村鑑三も「覚書」を一面に掲載して、社を去った。島田三郎の『毎日新聞』も、年末になって、萬朝報に追随して開戦論になった。

萬朝報を退社した一ヶ月後の一一月一五日、堺と幸徳は、週刊『平民新聞』を創刊した。

「夫の正義、人道、平和を主張し絶叫するの甚だ不利にして且つ危険なる所以の者は、却って是れ之を主張し絶叫するの益々急要なることを証する者に非ずや、既に急要なることを知る是れ豈に志士の益を奮って其不利危険を冒して顧みざるべきの秋に非ずや。」（「発刊の序」）

その熱烈な読者として、編集部に出入りするようになったのが、まだ金ボタンの外国語学校の制服を着ていた、一八歳の大杉榮だった。

集会参加だけでも逮捕・投獄

外国語学校を卒業したあと、大杉榮はいちども就職していない。本人には陸軍大学のフランス語の教授になって、退校処分になった幼年学校の同級生たちを見返してやろう、などと子どもじみた野望があった。ところが、折しもはじまった電車賃値上げ反対運動に参加して逮捕（兇徒聚集罪で禁錮一年六ヶ月）、いったん保釈されたものの、こんどは、フランスのアナキストが執筆した「新兵諸君に与う」を翻訳、新聞に掲載したのが（一九〇六年一一月）、「新聞紙条例違反」（秩序紊乱）に問われて起訴、禁錮四ヶ月の刑を受けた。

さらに翌年、クロポトキンの「青年に訴う」を翻訳、『平民新聞』に掲載して、やはり、新聞紙条例違反で追加起訴、二ヶ月の禁錮刑、ふたつ合わせて六ヶ月の禁錮刑だった。外国の論文を翻訳しただけで禁錮刑など、いまでは考えられない重罪である。二二歳だった。

自分の論文を翻訳、掲載しただけで投獄される日本の現状には、さすがのロシアのクロポトキンも驚かされたらしく、「どうかわたしの叛逆の書「青年に訴う」のために監獄に行かなければならなかった勇敢な同志たちに心からの謝意を伝えて下さい。もっともそれはとても穏健なものなのですが……」と、幸徳秋水にあてて、書き送っている。

『平民新聞』は日本で唯一、戦争に反対する新聞で、「敵国」の文豪、トルストイの小説を掲載したりしていたが、一年二ヶ月後の一九〇五(明治三八)年一月末、六四号で発行停止となる。

一九〇八(明治四一)年一月、本郷の出版社の二階で講演会がひらかれていた。そのころの講演会には、サーベルを握りしめた警官が立ち会っている(臨監)のだが、演説が社会批判におよぶと、ただちに「弁士中止」「解散!」を命じるのがつねだった。これに従わないと、検束されるのだが、堺利彦、山川均、大杉榮は屋上に上がり、そのしたに集まって遠まきにしている聴衆にむかって官憲の非を訴え、治安警察法違反で一ヶ月半の禁錮刑となった。

さらに、その年の六月、神田でひらかれた同志の出獄歓迎会で、赤旗を振っただけの理由で、女性四人をふくむ一四人が逮捕され(赤旗(せっき)事件)、大杉は治安警察法違反で懲役二年六ヶ月、罰金二五円の重罪となった。赤旗を振っただけで懲役二年半とは、いかに治安警察法があった時代であったにせよ、桂政府のやりすぎである。

大杉は、あわせて三年四ヶ月の獄中生活を送っている。彼にとって好運だったのは、当時の刑法は「重きによって処断する」という「併合罪」で、ほかの事件は赤旗事件に編入されて消えてしまった。

それでも、集会参加と翻訳掲載、演説と赤旗担ぎ、いまではごくあたり前の政治参加でも、「過激派」にされてしまう。明治末期の政府が、いかに民主主義とほど遠い圧制だったかがよくわかる。

「監獄で出来あがった人間だ」

「僕の今いるところは八監の十九室。一昨年はこの隣りの十八室で、長い長い三ケ月を暮らしたのであった。出て間もなく足下と結婚した。然るに其の年のうちに、例の『新兵諸君に与う』で又裁判事件が起る。そして、年が明けて漸く春になったかと思うと、又々『青年に訴う』が起訴される。其の間に、雑誌は益々売れなくなる。計画した事はみな行き違う。遂に始めての家の市ケ谷を落ちて柏木の郊外に引っこむ。思えば甘いなかにも随分辛い、そして苦い新婚の夢であった。

其の夢も僅か九ケ月ばかりで破れて了う。僕は巣鴨に囚われる。そして暫くするうちに、余罪で、思いの外に刑期が延びる。雑誌は人手に渡して了う。足下は病む。斯くして悲しかった六ケ月は過ぎた。」

市ケ谷の監獄から、一九〇八年二月一七日に妻の堀保子に宛てた手紙である。「甘いなかにも随分辛い、そして苦い新婚の夢」と書かれているのは、妻の気持ちをいたわってのことである。ここにでてくる「雑誌」とは、保子の義理の兄である堺利彦が創刊した、月刊の『家庭雑誌』である。大杉夫妻はそれを譲られ、雑誌の編集と発行とによって生活を維持していた。政府の弾圧は、その新婚の生活を直撃した。

このころの大杉の手紙を読むと、保子に差し入れを指示する本のリストがなんどもでてくる。英、仏、独、露、伊語の社会科学や自然科学、文学などを猛然と読破している様子がわかる。それらの言語のほかにも、エスペラントも獄中でマスターしていた。

「自分は監獄で出来あがった人間だ。」

というのが、政府への挑戦でもあり、プライドでもあった。彼はここで死を見つめ、かつ獄死を恐れていた。獄窓に迷いこんできたトンボに、おのれの囚われの姿を重ねあわせて、こう書いている。

「客観は愈々益々深く、主観も亦愈々益々強まった。そして一切の出来事をただ観照的にのみ見て、それに対する自己を実行の上に現わす事の出来ない囚人生活によって、此の無為（イナクテイフ）を突き破ろうとする意志の潜勢力を養った。」（『続獄中記』）

大杉は獄中にいて、読書に沈潜していたばかりではなかった。状況を突破していこう、とする行動への意欲をも鍛えていたのだった。

しかし、一方で、このときの獄中生活は、大杉にとって思いがけない僥倖をもたらした。不当きわまる「赤旗事件」によって拘束されていたばかりに、幸徳などの「大逆事件」に連座することなく、おなじ獄中にいた堺利彦、荒畑寒村などとともに、処刑をまぬがれた。

大杉は千葉の監獄から市ケ谷の「東京監獄」に移送されたとき、ここに収監されていた編み笠姿の幸徳秋水とすれちがった。大杉は声をかけたのだが、幸徳には聞こえなかった。

幸徳は土佐に帰っていたばかりに、「赤旗事件」にはひっかからなかった。だからこそ、こんどは大逆事件の「首魁」にされてしまった。「主義者」はなにかに口実をつけられて、逮捕、投獄される時代だった。

春三月　縊（くび）り残され　花に舞ふ

幸徳秋水など一二名が処刑されたあとに、大杉が詠んだ句である。

『近代思想』創刊

二年二ヶ月ぶりに出所した大杉は、堺利彦が仲間の食い扶持稼ぎにつくっていた編集プロダクション「売文社」にいて、口凌ぎをしていた。が、そんな生ぬるいことに満足できるような性分ではない。

ふたつ歳下の荒畑寒村とともに、さっそくはじめたのが、『近代思想』だった。三二ページ、いわば小冊子だが、刊行は一九一二年一〇月、明治が大正に変わって三ヶ月、大正デモクラシーのいちはやい走者となった。

ちなみにいえば、その一ヶ月まえに、広津和郎、谷崎精二など早稲田の学生や葛西善蔵が参加した同人雑誌、『奇蹟』が発刊されている。

大逆事件について、永井荷風は、「四人馬車が五六台も引続いて日比谷の裁判所の方へ走っていくのを見た」(『花火』)と書いている。街が凍りつくような光景だったであろう。この「冬の時代」を、監獄からでてきたばかりの大杉は、皮膚感覚で痛いほどに感じていた。

それでも、「何にかしら動いていねば止まらぬ僕の本能」と彼は書いている。二七歳、それが雑誌発刊のエネルギーだった。一四歳上、義兄でもある老獪な堺は、この酷薄な時代を「猫かぶり」で過ごそうとしていた。いわば、死んだフリの戦術である。

が、熱血の大杉は、文芸雑誌のかたちを取りながらも、とにかく一歩前にでて、存在を主張していこうという決意だった。父親の「扶助料」(遺族年金)を担保にして、発行資金にあてた。その一一年後に、自分を殺害する陸軍のカネだった。

『近代思想』は、文芸時評やバーナード・ショーやオスカー・ワイルド、アナトール・フランス、フローベール、ツルゲーネフ、海外文学の翻訳などを掲載して、文壇から注目されていた。大杉の語学の才能と国際的な視野のひろさによっていた。

『近代思想』(提供・日本近代文学館)

日本橋のレストラン「メイゾン鴻(こう)の巣(す)」でひらかれる、この雑誌の集まりには、馬場孤蝶、生田長江、内田魯庵、岩野泡鳴、上司小剣(かみつかさしょうけん)、相馬御風(ぎょふう)など、当時の流行作家たちも顔をだして、大杉、荒畑、堺、片山潜などと議論していた。

しかし、大杉は啓蒙家としての存在に甘んじていることはできなかった。創刊号に、彼は「本能と創造」というタイトルの論文を書いている。衝動的行為、あるいは本能的行為が、現代の頽廃的気分から脱出させ、「創造的な進化」の原動力になる、という主張である。本能的行為としての雑誌発刊によって、運動再生のきっかけをつかもうとしている文章といえる。

『近代思想』は、一九一二年一〇月から、一四年九月までの二年間発行された。廃刊にしたのは、大杉自身、知識人相手の雑誌の発行に、「知識的手淫」の虚しさを感じるようになったからだ、と本人はいう。

しかし、実際は、獄中にいるあいだに、大杉の内部に蓄積されてきた行動への激しい欲求が、黙しがたいものとなっていたのであろう。「失敗はなお無為に優る」。それが大杉のモットーだった。

「真はただ乱調にある」

運動家として、編集者として、自分の書く場を自分でつくっていた大杉が、熱烈に唱えていたのは、「生の拡充」と「生の創造」だった。

「生の拡張には、また生の充実を伴わねばならぬ。むしろその充実が拡張を余儀なくせしめるのである。したがって充実と拡張とは同一物であらねばならぬ。

かくして生の拡充はわれわれの唯一の生の義務となる。われわれの生の執念深い要請を満足させるものは、ただもっとも有効なる活動のみとなる。また生の必然の論理は、生の拡充を障礙(しょうがい)せんとするいっさいの事物を除去し破壊すべく、われわれに命ずる。そしてこの命令に背く時、われわれの生は、われわれの自我は、停滞し、腐敗し、壊滅する。」(「生の拡充」)

生の充実と拡張のために、まっすぐに生きよ、とのアピールである。その生とは、叛逆の生でもある。

「そして生の拡充の中に生の至上の美を見る僕は、この反逆とこの破壊との中にのみ、今日生の至上の美を見る。征服の事実がその頂上に達した今日においては、階調はもはや美ではない。美はただ乱調にある。階調は偽りである。真はただ乱調にある。

今や生の拡充はただ反逆によってのみ達せられる。新生活の創造、新社会の創造はただ反逆によるのみである。」(「生の拡充」)

「自由と創造とは、これを将来にのみ吾々が憧憬すべき理想ではない。吾々は先ずこれを現実の中に捕捉しなければならぬ。吾々自身の中に獲得しなければならぬ。」(「生の創造」)

大杉は、現在ただいまのなかで、どう充実した生を生きるかを問いかけている。

「理想が運動の前方にあるのではない。運動そのものの中にあるのだ」。

生命の充実と拡充にむけて、力いっぱい生きていた大杉は、それだけに目立つ存在だった。久米正雄のいうように、いつも「見得」を切っているかのようにみえていたかもしれない。大杉は、『近代思想』、『平民新聞』(月刊、大杉版)、『文明批評』、『労働新聞』などと、新聞や雑誌を発行しつづけた。しかし、『近代思想』以外は、たちまちにして発禁処分を受けた。

それでも大杉の存在は、当時の文壇も無視できなかった。芥川龍之介もそうだったが、当時の小説家たちは、社会主義思想の影響をすくなからず受けていた。病弱の石川啄木も激しさにあこがれていた。『近代思想』は、その後さかんになる、左翼文化運動の先駆けだった。

大杉は、当時の大出版社といえる春陽堂から獄中体験記である『獄中記』やクロポトキンの翻訳『相互扶助論』などをだし、当時の代表的な総合雑誌である『改造』に、「自叙伝」を連載していた。ファーブルの『昆虫記』の翻訳は、日本で最初のフランス語原文からのもので、本人自身、大きな意味を感じていた。

フランス労働者のルポルタージュ

上海を経由して中国人になりすましてフランスにはいったのは、一九二三年二月だった。彼はさっそく、パリの女子労働者のルポルタージュを、日本に書き送っている。

「また、この罷工中のミディネット(女子労働者の俗語、正午に食事に出てくる女性の意——

引用者注)らが、胸に箱を下げてあちこちのキャフェへ寄付金募集に歩くと、

「おい、そんなことをするよりゃ、往来をぶらぶらしろよ。」

とからかう紳士がずいぶんある。この紳士らの望み通りにミディネットに「往来をぶらぶら」させるためには、そしてやがてそれを本職にさせるためには、彼女らの賃銀は決して上げてはならないのだ。

そしてこの紳士たちの淑女(しゅくじょ)は、往来やキャフェをぶらつく若いきれいな女どもとその容色(ようしょく)をきそうためには、決して子供を生んではならない。貧乏人の、あるいは乞食のような風をしたあるいは淑女のような風をした、どちらの女も、これまただんだん高くなってくるその生活のためには、決して子供を生んではならない。

このごろ発表されたフランスの人口統計表によると、この現象は最近ことにはなはだしい。

一九二二年すなわち去年は、出産数が約七五万九千だが、一昨年は一昨々年よりも約二万一千へり、そして去年は一昨年よりもさらにまた五万三千へっている。」(『日本脱出記』)

生活のために子どもを生めない、現代日本にも通じている。大杉の精神のわかさは、いまになっても文体がまったく古びていないところに、よくあらわれている。

内的な充実と外部への拡張にむかった彼のエネルギーに満ち充ちた生は、軍隊の暴力によっ

て圧殺された。軍隊こそ、自由の最大の敵対物である。
大杉の自由をもとめるわかわかしい精神は、いまなお、躍動している。

五　過激にして愛嬌あり　宮武外骨

1867–1955
(提供・共同通信社)

宮武外骨略年譜

1867(慶応 3)	1月18日，讃岐国(香川県)小野村に生まれる．幼名亀四郎
78(明治11)	11歳，高松の栄義塾入塾
81(　14)	14歳，上京，本郷の進分学舎橘香塾で漢学を学ぶ
84(　17)	17歳，外骨と改名．上京，兄の家業を手伝う
86(　19)	19歳，『屁茶無苦新聞』刊行，発禁処分．『頓知新聞』刊行
87(　20)	『頓知協会雑誌』創刊．『宮武雑誌』刊行
89(　22)	22歳，『頓知協会雑誌』に「頓知研法発布式附研法」掲載，発行禁止，重禁錮3年を受ける
95(　28)	『頓知と滑稽』創刊，第6号発売禁止
97(　30)	『古今内外名数雑誌』創刊
98(　31)	31歳，緒方ヤヨと正式に結婚．
99(　32)	『骨董協会雑誌』創刊．『美術国』刊．9月，台湾に渡る．翌年帰国
1901(　34)	34歳，『滑稽新聞』創刊
04(　37)	『滑稽新聞』，官吏侮辱罪で重禁錮3ヶ月罰金7円，入獄
08(　41)	『滑稽新聞』，自殺号(173号)をもって廃刊．『大阪滑稽新聞』創刊
10(　43)	『大阪滑稽新聞』の「我輩と社会主義」により禁錮2ヶ月
13(大正 2)	『日刊不二』発刊，禁錮1ヶ月を受け入獄，大審院無罪判決のため出獄
15(　4)	48歳，第12回総選挙に立候補，落選．『ザックバラン』刊
17(　6)	『舞と踊』『面白半分』『つむじまがり』刊．第13回総選挙立候補，落選
19(　8)	吉野作造を知る．『民本主義』『猥褻廃語辞彙』『赤』刊行
21(　10)	「赤門講座」を開講．このころ『裸に虱なし』『奇想凡想』『日本擬人名辞書』『売春婦異名集』『婉曲対句集』『奇態流行史』『私刊類纂』『此中にあり』『賭博史』『面白半分』など多数刊行
23(　12)	関東大震災．『震災画報』『縁切寺』『川柳語彙』刊行
24(　13)	東京帝国大学法学部嘱託となり，江戸時代制度・風俗・言語の調査に従事．明治文化研究会設立
26(　15)	59歳，小清水マチと結婚．『早晩廃刊雑誌』『明治密偵史』『改訂増補筆禍史』刊行
27(昭和 2)	明治新聞雑誌文庫嘱託，事務主任．『明治史科』『すきなみち』刊行
28(　3)	61歳，水野和子と結婚．『売らん哉』刊
29(　4)	『アリンス国辞彙』『面白半分』刊行．明治新聞雑誌文庫所蔵目録『東天紅』編纂．この後，『自家性的犠牲史』『川柳三題集』『壬午鶏林事変』『明治名数語彙』『東天紅』続篇など多数刊行
40(　15)	73歳，稲田能子と結婚
49(　24)	退職．自伝編纂
55(　30)	7月28日死去，88歳

憎まれっこ世に憚る

宮武外骨は、そのもちまえの猛烈な批評精神によって、桂太郎や伊藤博文など明治政府の高官、財閥、高級官僚を、風刺、諧謔、滑稽、パロディに加工して、手当たりしだい笑いとばし、生涯に一六〇種類もの新聞、雑誌、単行本を発刊、日本のジャーナリズム史のなかでまったく独自な光を放っている。

その見返りとしてか、不敬罪で重禁錮三年、罰金一〇〇円を筆頭に、新聞紙条例違反など、本人をふくめて関係者の投獄が五回。このほかにも、強権政府のもとで罰金刑を一五回、発売禁止、発行停止処分を一四回も受けた。それでも意気軒昂でめげることなく、警察や検事や裁判官たちをからかっていた。

孤軍奮闘、すべて自前でたたかい、ちっともへこたれなかった。奇才、奇矯、奇抜、偏屈、狷介、直情、癇癪、闘志、不屈、徹底、強烈、強靭、過激。七三歳のとき、四〇歳下の女性と最後の結婚をして、八八歳まで生きて大往生を遂げた。憎まれっこ世に憚る、というべきか。

外骨はつぎからつぎに、たとえば、『屁茶無苦（へちゃむく）新聞』『頓智（とんち）協会雑誌』『頓智と滑稽』『滑稽新聞』『ザックバラン』『スコブル』『面白（おもしろ）半分』『つむじまがり』『早晩廃止雑誌』などと命名しては、一六〇種類もの新聞や雑誌を乱発した。

自分で出版するばかりではなかった。晩年には自分が集めていたもののほかに、吉野作造、尾佐竹猛、石井研堂などと「明治文化研究会」を組織して、ひろく資料を収集した。彼は中折れ帽に和服、「東京帝国大学」と大書したリュックサックを背負って、全国をまわって歩き、東京帝大の「明治新聞雑誌文庫」(現在は東京大学法学部附属近代日本法政史料センター)の創設とその充実に貢献した。

赤門のすぐそばの半地下にある「文庫」は、明治、大正時代の文献の宝庫だが、中央突き当り、古びた大きな本箱と書棚に、手稿をはじめとして、面白がり屋・宮武外骨ゆかりの一〇〇〇冊が保存されてある。

さっそく発売禁止

東京にでてきたばかりの宮武外骨が、一九歳で『屁茶無苦新聞』を発刊できたのは、香川県の裕福な庄屋の四男として生まれていたことと、無関係ではない。

子どものころから、『団々珍聞』や『驥尾団子』などといった明治初期の風刺雑誌を愛読し、長じて成島柳北の『朝野新聞』や朝比奈知泉の『東京新報』など、東京で発行する新聞をとりよせて購読できる家庭環境にあった。亀四郎が幼名だったが、一七歳のときに自分でさっさと外骨と改名した。幼名の亀は、「外骨内肉」の生き物。それにあやかった。反骨のはじまりである。

自信と野心によって創刊された『屁茶無苦新聞』は、さっそく発売禁止の処分をうけた。「風俗壊乱」の罪名である。それでも、翌年、発刊した『頓智協会雑誌』は、四〇〇〇部を販売して好評だった。生き馬の目を抜く東京にでてきたばかりの二〇歳の若ものが、雑誌発行でいきなり成功するのをみれば、その頓知がすでに垢抜けたものだったのを理解できる。

ときあたかも、一八八九(明治二二)年二月、大日本帝国憲法の発布の年である。外骨は不敵にも、天皇を頓智協会の「会主」、臣民を「協会会員」にみたて、「大日本頓智研法」を作成、『頓智協会雑誌』に掲載した。

「発布の勅語」から条文まで、おなじ言葉を用い、おなじ字数で、憲法パロディとしての「会則」をつくった。最後に「御名御璽」と置く代わりに、「宮武外骨」とやったから、大胆である。

そればかりではない。帝国議会に特設された玉座のうえから、全身大の骸骨が、巻紙に巻いた「研法」を、そのしたで最敬礼しているモーニング姿の首相に与えている挿し絵まで掲載した。骸骨は外骨のシャレで、巻紙は会員の「会則」ということのようだが、だれがみても憲法が下賜されている議会の光景の絵である。すると骸骨本人はほかならぬ天皇、とみえてしまう。

「朕国家ノ隆昌ト臣民ノ慶福トヲ以テ中心ノ欣栄トシ朕カ祖宗ニ承クルノ大権ニ依リ現在及将来ノ臣民ニ対シ此ノ不磨ノ大典ヲ宣布ス」

これが憲法発布の勅語の冒頭の部分だが、これをもじった外骨の文章は、つぎのようなものだった。

「余協会ノ隆昌ト会員ノ幸福トヲ以テ無上ノ栄誉トシ余ガ偶然ニ出ヅルノ意見ニ依リ現在及将来ノ会員ニ対シ此ノ不完ノ条規ヲ発布ス」

遊びである。だれも被害をうけることのないパロディを、重禁錮三年(未決分もふくめると、三年八ヶ月)の重罪にするのだから、明治政府はユーモアを解さない。このころ、巷では憲法を祝うために、日の丸の旗が飛ぶように売れ、酒屋も繁盛していた、という。

熱狂に水を差す新聞社はなかった。そのような世相が、外骨の一矢報いずにはいられない悪戯ごころを刺激したのだろうが、想像に絶する制裁としての厳罰が、被処罰者の反骨をことさら硬いものにした。

それまで、各地の自由民権運動をになったひとたちが目指していたのは、たとえば陸羯南(くがかつなん)が「国民主義」といったような、大日本帝国憲法などよりも、もっと地に足のついた主権在民のねがいだった。強権政治にたいする失望感が、死の府のような空疎な議会として描きだされた『頓智協会雑誌』の挿し絵と、妙にマッチしている。

『滑稽新聞』の発刊と廃刊

わたしが外骨を知るようになったのは、復刻された『滑稽新聞』(筑摩書房、一九八五―八六年刊)の猥雑さに、なぜか魅力を感じたからである。浮世絵を基調とした表紙絵の妖しい美しさは、いちはやい写真版の採用によっていて、度肝を抜く。

この雑誌形式の「新聞」は、一九〇一(明治三四)年、外骨三四歳のときから、七年間にわたって発行されたもので、十数ページの月二回刊(六号から)である。最高時には、八万部も発行されていたというから、そのころの大新聞にも匹敵する。ほかの新聞が大新聞となるのは、日露戦争に従軍記者を派遣して、大量の部数を獲得してからだった。政府に楯突いて、筆禍事件を頻発させているような出版物が、マスコミになれるわけはない。

『滑稽新聞』は、一七三号を「自殺号」として、廃刊した。

「滑稽新聞の本領は、強者を挫いて弱者を扶け、悪者に反抗して善者の味方とするものであったが、其本領のため終に悪政府の爪牙にかかって今回死刑の宣告、即ち発行禁止の言渡しを受けた、我輩は法律に拠って行動し言議する者であるから、其裁判に対しては飽迄も法律に拠って不服を唱えるが、滑稽新聞は今が死すべき好時機と見て潔く自殺するのである」

花でいえばいまが満開時、この盛運盛況のときに、豪華に散ろう、という外骨の剛毅さである。この「遺書」のあとに、「蛮的判決」と題して、発行人三好米吉にたいしての、「新聞紙条例違反」による「軽禁錮一ヶ月」「発行禁止」の判決を長文で批判している。そのあとに「本誌受罰史」が四ページつづき、検事や判事の名前入りの弾劾文である。そしてその一ヶ月あとに、『大阪滑稽新聞』を発行するとの予告がある。その新雑誌発行予告にはなんと先まわりして、「自殺号」にたいする発売停止の通達が掲載されている。これもパロディである。

この新聞に特有の猥雑さは、記事のなかにポンチ絵がはいっていて、高級感を払拭していることにもある。が、もっとも重要なのは、人造美人水(化粧水)や白粉、石鹸などの広告が大きく掲載されていて、それぞれモデルの女性の挿し絵がはいっていることも影響している。

表紙にもたいがい、ひとりないしは複数の女性が登場する写真をつかっていて、「禿頭予防香水」にまで、女性のモデルが登場している。それらが、いかにもスキャンダル雑誌めいていて、政治をぐっと大衆にちかづけている。

権力者のスキャンダルを追及

初期のころ、しつっこくあつかわれていたのが、伊藤博文の女性問題である。これは、「伊藤侯の美人観」「伊藤侯の美人好(ずき)」「伊藤侯の愛妾美人怨(おん)」「伊藤侯の関係美人難」「伊藤侯の骨相」「伊藤侯の夢想」「伊藤侯の没後」などのタイトルでの連載記事となっている。

これらの記事には、いつもかならず、袖で顔を抑えている和服姿、横むきの丸髷女性の挿し絵が大きくあつかわれている。この大胆な暴露記事が、息苦しい社会の下積みにいる庶民に、溜飲をさげさせていたのは充分に想像できる。

そのうちのひとつを読んでみよう。「伊藤侯の美人好」の冒頭の部分である。

「(風俗不壊乱物語)

伊藤侯の美人好

東洋第一の政治家、日本憲法の制定者、前内閣総理大臣、当時立憲政友会総裁、正二位大勲位侯爵伊藤博文氏は今回党務拡張、美人渉猟のため大磯を発して西下の途に就き去る十二日午前八時五十四分三の宮着、直ちに諏訪山西常盤に投宿せしが、翌十三日の夜には早くも花隈徳の家の娘を其旅宿に呼寄せしにぞ艶聞『大阪朝日新聞』の素破抜く所となり普く世の嘲笑を買いたり、仍て滑稽記者は該新聞の記事を骨子とし、更に岡山に於ける醜声を参酌し之を自叙体となして前号の誌上に掲載せしに、其筋にては之を風俗壊乱と認め其発売頒布を停止し仮差押を執行したる上法廷に向て告発する処ありたり、記者は其中の何れの項が条例に違反するかを知らずと雖も、自叙体に記述したる我滑稽新聞が告発せられ、他叙体に記述したる朝日新聞が何等の咎をも受けざるを見、壊乱と否とは全く自叙と

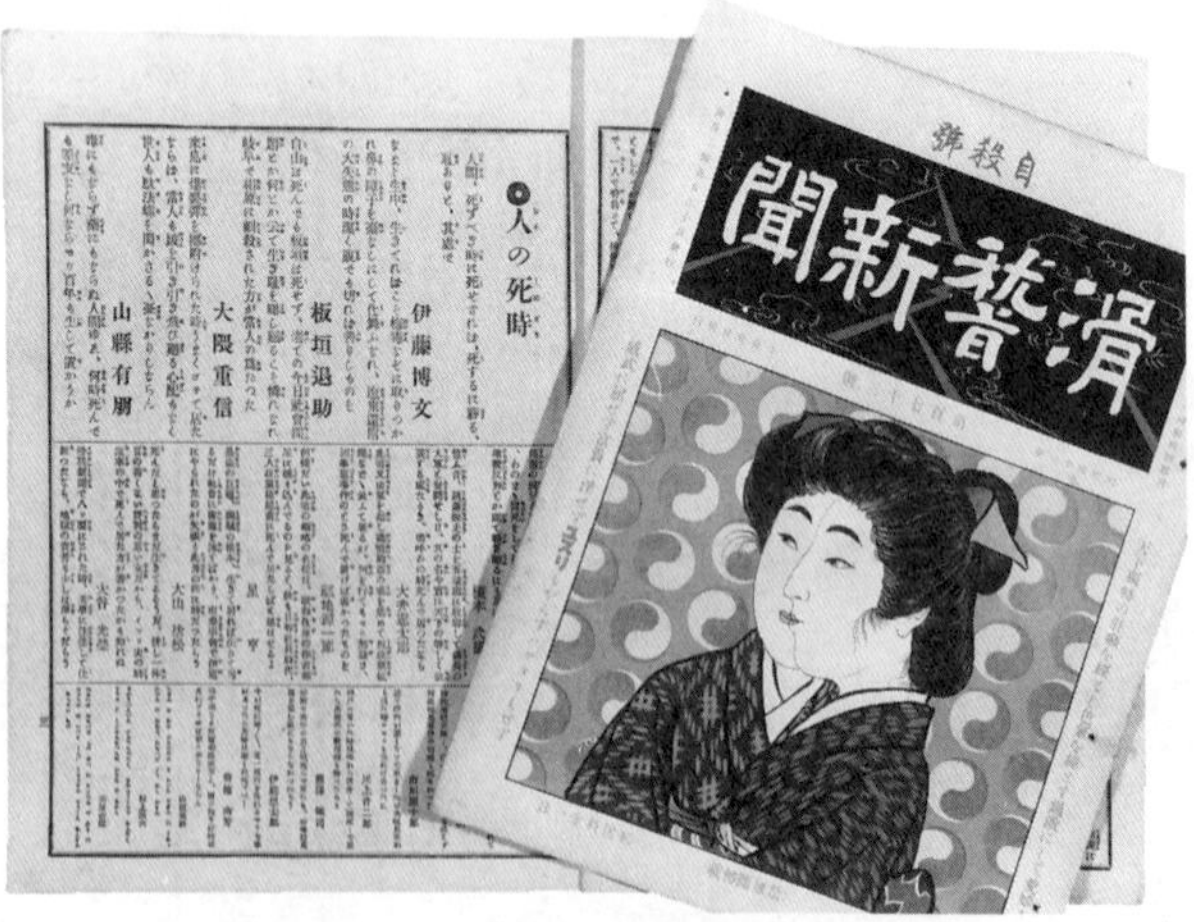

『滑稽新聞』，表紙は自殺号(提供・日本近代文学館)

他叙との差に存するを信じ則ち改めて該新聞の記事を左に転載する事となしぬ。」

最近になって、この「民主政治」の国会にあっても、「個人情報保護法」の制定によって、フリージャーナリストや小雑誌を規制する法案が提出されようとしている。政治家のプライバシーを盾に、報道を規制しようとするならば、せっかくの「言論の自由」を、禁錮刑を乱発した外骨時代に引きもどそうというようなものである。

わたしはまだ取材したことはないが、それでも、首相、閣僚、官僚などの公人のスキャンダルを追っている記者の仕事は貴重だ、とおもう。たしかに個人のプライバシーは重要な問題で、最近は、犯罪の加害者ばかりではなく、被害者のプライバシーも、ようやく、その取扱いが留意されるようになってきた。だからといって、納税者が政治家の生活を知る権利を否定することはできない。

『滑稽新聞』第一二号(明治三四年八月)に、一ページにわたって、「人の死時」と題する記事が掲載されている。「人間、死すべき時に死せざれば、死するに勝る、恥ありと、其処で」と前書きされて、有名人が槍玉にあげられている。かなり露骨な批判である。

「　　　　　　　　　　　　　　　　　　伊藤博文

なまじ生中、生きてればこそ梅毒なぞに取りつかれ鼻の障子を台なしにして仕舞うなれ、遼東還附の大失態の時潔く腹でも切れば善りしものを

板垣退助

自由は死んでも板垣は死せず、老ての今日社会問題とか何とか云て生き恥を曝し廻るこそ憐れなれ岐阜で相原に刺殺された方が当人の為だった

山県有朋

毒にもならず薬にもならぬ人間ゆえ、何時死んでも差支なし何ならモウ百年も生して置こうか」

記者批判——福地桜痴

権力者の批判もさりながら、同業者としての記者への罵倒は、小気味いいほどである。外骨が「変節漢」として執拗に叩いていたのは、「太政官御用」記者として、新聞の歴史に名を残すようになった福地桜痴（ふくちおうち）こと源一郎である。

福地は長崎の出身で、若いころ、オランダ通詞について蘭学を修め、江戸にでてから英学、そのあと外国奉行に随行して渡欧、仏学をマスターするという、幕末の才能だった。

明治維新になっても、まだ佐幕の立場を保持して『江湖新聞』を発刊、旧体制擁護の論陣を張り、それがもとで逮捕、投獄されている。

そのあと、明治政府に採用された。榎本武揚（たけあき）の例もあるので、転向者としてあげつらうほどでもないが、伊藤博文や岩倉具視などに随行して数度の外遊をしたあとは、『東京日日新聞』を発刊、民権派批判の御用記者を自称するようになる。

いわば、福地は、政府御用新聞の草分けとなって、上野の池端（いけのはた）に豪邸をかまえ、「池端の御前」などと芸者におだてられる遊び人として、「カネのために言論を売る男」というのが定評だった。外骨の福地桜痴批判は、つぎのように書かれている。

「福地源一郎は其後『東京日日新聞』の社長兼主筆に成って最初は民権論者であったが後には政府に買収されて御用記者に変じ、盛んに舞文曲筆を弄して正論硬議を罵り、明治日報の丸山作楽、東京曙新聞の水野寅次郎等と共に保守的の御用派たる帝政党を組織して、自由、改進、立憲の新思想に反対したが、其ため天下の識者に唾棄されて名望を失墜し、日本一の才子と囃されし身が変節漢の汚名を博し、池の端御前の豪奢も夢と失せて、終には劇場の楽屋でクスブルなど、其末路の悲惨であったのは、全く一時の利に走った報いで、時勢を察するの明なき小才子に過ぎなかった事は、此『江湖新聞』の一件に徴しても明白である」（『宮武外骨著作集　壱』）

言論人としての外骨が、もっとも唾棄すべき輩（やから）として、歯に衣着せずやっつけていたのが、「ユスリ記者」たちだった。『滑稽新聞』に毎号のように登場するのが、このユスリ記者たちで、外骨はまるで天敵のように実名をあげて駆除に精をだしている。

この言論界批判は、さっそく「出版差し止め処分」を喰らっている。当時は、学術、技芸、統計などを中心にした出版の場合は、「出版法」によって発行を許されていた。政治に関する記事を書く媒体ならば「新聞紙条例」によって、創刊のときに保証金を積まなければならなかった。

ところが、『滑稽新聞』は、学術関係の出版物としてのあつかいで、保証金を納めていなかった。だから、法律違反、とされて出版差し止めとなった。創刊そうそう第三号の記事だった。『滑稽新聞』を読むと、当時、記者のユスリ、タカリが横行していた様子がよくわかる。言論をカネにかえる福地桜痴のような人物が、ゴマンといたのであろう。

「ユスリ　第壱段
堕落新聞社員

新聞社員のユスリは余の最も憤慨する所にして其害毒たるや甚だ大なりというべし、則ち社会の耳目たる新聞紙の職責を汚すのみにあらず、社会の横着者をして倍々横着ならしめ、金力以て己れの罪悪を蔽い得べしと信ぜしめ又広告料さえ出せば如何なる奸手段にても公然之を行い得べしと信ぜしむるに至る、故にユスリ者の跋扈は社会人心を腐敗せしむると共に良民を害すること少からずというべし、因て余は自今大に進んで之を筆誅せんと欲するなり、

日本の新聞雑誌中にて新聞社員のユスリを筆誅するは我『滑稽新聞』のみなり、以て本誌は俗流の渦中物にあらざるを知るべし。」

記者批判——黒岩周六

記者批判の極めつけは、黒岩周六(涙香)批判である。黒岩は『萬朝報』の社主としてばかりではなく、ボアゴベの『鉄仮面』、デュマの『モンテ・クリスト伯』を訳した『巌窟王』、ユゴーの『レ・ミゼラブル』の翻訳である『噫無情』などを連載しては、紙価をたかめていた。

ところが、日露戦争にむかう世論に迎合し、売り上げをふやすため、それまでの非戦論から開戦論にあっさり転換して、幸徳秋水や堺利彦などの憤怒と退社をひきだすことになる。
以下の文章は、それよりも二年前、「特別寄書　黄金世界」とのタイトルで、黒岩周六の名前を騙って、外骨が『滑稽新聞』に掲載した偽りの手記である。

「今日黒岩涙香の名が日本全国の隅々まで知れ渡る所以のものは新聞記者としてよりも飜訳作家としてよりも寧ろユスリの成功者として重きを操觚社会になすが故のみ、方今新聞記者と称し文士と称し高く自ら標置する者孰れか是れ金銭の奴隷にあらざらんや、如何に高名の文士も如何に非凡の記者も僅々五十金百金を以てせば容易に之を招来して吾が用たらしめん、況んや其他をや、社会の木鐸と称し天下の耳目と称する彼等にして猶お且然り、金力全能は実に時代の精神の宿る所、誰か又之を否まん、若し世の操觚者にして予の名声を羨む者あらば、速に来って吾理想団に入れ、予は諸子を指導するに予の実験に基く処世の大秘を以てせん。」

これまた大胆なパロディである。相手の名前をつかっているのだから、粗忽な読者は、てっきり黒岩本人が書いたものとして、信じこんだりする。
外骨の批判の特徴は、ストレートに目的にむかう剛球というよりは、大きなカーブをかけているところにある。カーブというよりは、むしろ、螺旋状に回転して、相手の胸に確実に穴をあけるドリルのようなものかもしれない。

読者のこころを解放させる遊び

風刺は読者のこころを解放し、批判対象の力を解体し、なにか自分でもやれそうな自信をつけさせる。読者参加の可能性だが、外骨のひとを食ったやりかたをひとつ紹介してみよう。題して、「警察官の腐敗」。いまに通用するテーマである。

「警察官の腐敗

或時事に就て大いに呆れた事があって、警察官の腐敗をヒッカキたいのですが、法律を楯に官吏侮辱だの何だのと云われては面倒ですから、茲に書くのは見合せました、本誌の愛読者諸君にして若し何か感ずる所があれば、左の空地へお書き入れなさい、筆記には別に所罰はありません。

偶感筆記

- - - - - - - - - - - - - - - -

- - - - - - - - - - - - - - - -

焙っても
文字は出ません

」

新聞の紙面に空欄をつくるなど、奇想天外な発想といえる。それも「焙っても文字は出ません」などと書くところに、外骨の遊びがある。

日露開戦にあたって、開戦論に転換した『萬朝報』から、いさぎよく身をひいて、果敢な非戦論を展開する媒体として創刊された『平民新聞』は、並みいる新聞のなかでの白眉だった。そればかりでなく、日本のジャーナリズム史上での壮挙でもあった。

『平民新聞』は、「敵国」の文豪トルストイの「平和論」を紹介したり、「与露国社会党書」(ロシア社会党に与うる書)などによって、われわれはあくまでも戦争に抗議しよう、と連帯のアピールを送ったり、戦争による増税に反対する論陣を張ったりしていた。

当時の新聞で、日露戦争に反対したのは、『平民新聞』だけだった。しかし、外骨の『滑稽新聞』は、開戦直後の一九〇四(明治三七)年三月二三日号で、伏せ字だらけの論説を掲載して、読者の度肝を抜いた。外骨のシャレである。

「秘密外の〇〇」

(〇〇論〇〇記)

今の〇〇軍〇〇事〇当〇〇局〇〇〇者は〇〇〇つ〇ま〇ら〇ぬ〇〇事までも秘密〇〇秘密〇〇〇と〇〇〇云う〇〇て〇〇〇新聞に〇〇〇書〇か〇さぬ〇〇事に〇して〇〇居るから〇〇〇新聞屋〇〇は〇〇〇〇聴いた〇〇〇事を〇〇〇載せ〇〇〇〇られ〇〇得ず〇

○して○○丸々○○○づくし○の記事なども○○○多い○○○

是は○○つまり○○○当局者の○○○○尻の○○穴の○○狭い○はなしで度胸が○○無さ○○○○過ぎる○○○○○様○○○だ

我輩○○が○○○思う○○○○には○○○○軍○は○○元来○○○野蛮○○○○な○○○○○事で○○○○○あるから○○その○○○軍備○○○を○○○秘密○○にし○○○○て○○○敵○○○○の○○○○不意○○を○○○うつ○○○○の○○も○○○あな○○○○がち○○咎む○○○○べき○事○○○○で○○○は○○ないが○それ○○○よりも○○○○門○戸○開○放○○の○○○○露○○○○○骨○○○主○○○義○○○で○○○○○おれは○○○○○斯く○○○○斯く○の○○手段○○○○○○で○○○○大きに○○うぬ○○ら○○○を○○○○○たゝき○○○○潰す○○○つもりだ○○○○○サー○○コイ○○○と正々○○○堂々○○○○と○○○○○○進軍○○○○する○○○方○○が○男○○○○らし○○○○い○○○○様だ○○○○○

○○軍○○○備○を○○○秘密○○に○○し○○○○て○○敵○○○の○○○○不○意○○○○を○○○○打つ○○○○のは○○チト○○○チト○卑怯○○で○○は○ない○○か

こんな○○論○○説○○○め○い○た○○丸○○丸○○入り○○○の記○事を○○○載

せ○○○○○ると○○○○新聞○○検○○閲○○○○○く○わ○○○○○○○ん○○の俗
吏○○○○ど○も○は○○○ド○ン○ナ○○記○○事○○○を○○書いて○○○○○それ
○○○○○○○○○○○を○○○○○消し○○○た○の○で○あ○る○か○と○○腐れ○
○○○○目を○○○○丸○○○○○○○く○○し○○たり○○腐れ○○○頭を○○ひ○ね
○く○り○○○○廻し○○○○○○○○○○て無理○○○○○附会の○○読方○○○○○
○などを○○○○する○○○で○あろう○○○○○
○○○○けれ○○ども○○丸○○丸○○○には○○○最初○○から○○○別に○○○○何
の○あて○○○字○○○も○○無い○○○○○のだ○○○只○○本○○字○○ばか○○り
○○○を○○○○拾う○○○○て○○○読め○○ば○○○○誰でも○直ぐ○○○分る○○
理窟だ○○アハ、○○○」

伏せ字のところを外して残っている文字だけを読んで、充分に意味が通じる。検閲官をからかっているのだ。自分でアタマをひねって、パズルのように字をいれてみても無駄だ。活字を読んでみると、こうなる。

今の軍事当局者はつまらぬ事までも秘密秘密と云うて新聞に書かさぬ事にして居るから新聞屋は聴いた事を載せられ得ずして丸々づくしの記事なども多い

是はつまり当局者の尻の穴の狭いはなしで度胸が無さ過ぎる様だ
我輩が思うには軍は元来野蛮な事であるからその軍備を秘密にして敵の不意をうつのもあながち咎むべき事ではないがそれよりも門戸開放の露骨主義でおれは斯く斯くの手段で大きにうぬらをたゝき潰すつもりだサーコイと正々堂々と進軍する方が男らしい様だ
軍備を秘密にして敵の不意を打つのはチトチト卑怯ではないか
こんな論説めいた丸丸入りの記事を載せると新聞検閲くわん(官)の俗吏どもはドンナ記事を書いてそれを消したのであるかと腐れ目を丸くしたり腐れ頭をひねくり廻して無理附会の読方などをするであろう
けれども丸丸には最初から別に何のあて字も無いのだ只本字ばかりを拾うて読めば誰でも直ぐ分る理窟だアハヽ

活字文化を超えて

外骨の高笑いが聞こえてくるようだ。『滑稽新聞』の面目躍如としている。黒岩涙香批判とおなじように、フィクションによる批判だが、いわば肉を切らして骨を断つ流儀というべきか。

外骨とは、亀の甲羅の謂いだったから、なかなか外からは刃がたたない。それでも、本人はけっして泥亀のように頸を縮めてはいなかった。権力を笑いとばすいたずらを、いつもあれこれ考えては、つぎからつぎへと新聞や雑誌を出版していた。

まるで草原でボールを蹴って無心に遊んでいる少年のようである。『滑稽新聞』の面白さは、記事の面白さというよりは、紙面全体の効果といってもいい。活字文化でありながら、それを超えて視聴覚文化にちかづいていたともいえる。

『滑稽新聞』が、表紙の両側に、

「天下独特の肝癪（かんしやく）を経（たていと）とし色気を緯（よこいと）とす過激にして愛嬌あり」

「威武（いぶ）に屈せず富貴に淫せずユスリもやらずハツタリもせず」

この二つのスローガンを掲げたのは、一九〇六（明治三九）年四月二〇日の発行号からだった。発行停止が人気を呼んで、売り上げは急上昇した。

外骨の存在のユニークさは、批判精神とユーモア感覚だけではない。その真髄は、非妥協的なジャーナリスト精神にあった。が、「過激」ばかりではなかった。「愛嬌」で味つけされてある。それでストレートな過激を避けながら、より過激さをました。

先にも書いたように、「終刊号」は、「自殺号」と名づけられ、一九〇八（明治四一）年一〇月に発行された。これまた「肉を切らして骨を断つ」やり方だが、「強きを挫き、弱きを扶ける新聞」にたいする弾圧への抵抗であった。といって、名前をさし変えてつぎの発行を準備しているのだから、悲愴感にとらわれているわけではない。ましてや、最近の雑誌のように、赤字になったからといって、あっさりやめたわけではない。

「ア、惜いことだ、滑稽新聞は創業以来八年間、主義一貫で他の新聞雑誌に於て見ることを得ない正々堂々の筆を揮い、侃々諤々の言を戦わして恰も其標榜せる如く、威武に屈せず富貴に淫せず**ユスリ**もやらずハッタリもせず、直情径行の八面鋒は天下万衆の視聴を驚かし、以て趣味と実益の宝庫であったに、今や悪官吏のため其生命を絶たれんとして、潔く自ら死す、ア、惜いことだ。」

といって、外骨はまた懲りることなく、一ヶ月後に、『大阪滑稽新聞』を発刊した。「不偏不党」「厳正中立」「客観報道」。そのタテマエの対極にあるジャーナリストだった。

六　関東防空大演習を嗤う　桐生悠々

1873-1941
(提供・石川近代文学館)

桐生悠々略年譜

1873(明治 6)	5月20日，金沢に生まれる，本名政次(まさじ)
80(　13)	金沢小学校入学
84(　17)	11歳，徳田末雄(秋声)と同級になる．終世の交友
87(　20)	石川県立専門学校(のちの四高)入学
92(　25)	徳田と上京，紅葉，逍遙を訪ねる
93(　26)	四高に復学
95(　28)	帝国大学法科に入学，『文芸倶楽部』などに作品発表
99(　32)	26歳，卒業，以後東京府属官を振り出しに職業を転々とする
1902(　35)	29歳，『下野新聞』主筆となる．藤江寿々と結婚
03(　36)	『下野新聞』を辞し，『法制一夕話』刊行．『大阪毎日新聞』学芸部記者となる
07(　40)	『大阪朝日』に移る．小説，翻訳などを発表
08(　41)	『東京朝日』に転ずる．小説『桃の花』『属官』刊行
10(　43)	『信濃毎日新聞』に主筆として招聘される．社説，コラム「べらんめえ」など執筆
11(　44)	37歳，『信濃毎日』部数増加をはじめる．1万6千部から2万6千部へ
12(大正 1)	乃木希典殉死に批判的な長文の社説「陋習打破論」発表
13(　2)	憲政擁護・閥族打破，及び政友会批判の論陣を張る
14(　3)	『信濃毎日』を辞して『新愛知新聞』主筆として名古屋に移る
15(　4)	大隈内閣支持の論陣を張る
16(　5)	評論集『緩急車』第1集，以下第4集まで刊行
17(　6)	「檜山事件」追及の過程で新聞紙法違反で起訴
18(　7)	社説「新聞紙の食糧攻め」などで寺内内閣弾劾を主張
19(　8)	評論集『有らゆる物の書換』刊行
24(　13)	『新愛知』退社．衆議院に立候補，落選
28(昭和 3)	55歳，『信濃毎日』に復帰
33(　8)	関東一円の防空大演習，社説「関東防空大演習を嗤う」郷軍同志会のボイコットの脅し，退職
34(　9)	個人雑誌『他山の石』刊行開始(1941年まで)
36(　11)	『岐阜民友新聞』入社
37(　12)	『他山の石』発禁，削除続く
41(　16)	『他山の石』廃刊の挨拶状送付直後の9月10日，癌で死去，68歳

蟋蟀は嵐の縁に鳴きやまず

蟋蟀（こおろぎ）は鳴き続けたり嵐の夜

いかにも、反軍・反戦の論説を張って一生をつらぬいた、桐生悠々らしい句作である。桐生悠々が、「超畜生道に墜ちた地球」と慨嘆していたこの世を去ったのは、一九四一（昭和一六）年九月だった。長男の桐生浪男さんによれば、その通夜の席に特高があらわれ、悠々が発行していた個人誌『他山の石』の発行停止命令を差し示した（中公文庫版『畜生道の地球』解説）、という。

このとき摘発されたのは、「廃刊の辞」。読者にたいする廃刊のお知らせだったのだが、それさえ発禁にされたのだから、戦時下の検閲は苛烈だった。生涯最後の文章が抹殺されたのを知ることなく、悠々は地球を去った。日本軍部が真珠湾攻撃に踏み切り、自滅にむかって突進するのは、その三ヶ月後である。

桐生悠々の名前は、『信濃毎日新聞』の主筆として執筆した、「関東防空大演習を嗤（わら）う」の一文によって、ひろく世に知られている。ジャーナリストの生涯と精神が、たった一行のタイトルによって後世につたえられた、きわめて希有な例である。

防空演習は、市役所などがおこなうものではない。防空責任者である、軍部が実施するものであるから、この論説は軍部の愚鈍を標的にして、矢のように鋭く放たれた批判だった。けっして、「笑」ではなかった。異様な力をもつ字体である「嗤」が選び抜かれていたことに、巨大な権力としての軍部をひきずり降ろし、唾をひっかけるような痛烈な悪意がこめられている。

おそらく、この一字に、軍の幹部は激怒し、いきりたったのであろう。こう書かれている。

「将来若し敵機を、帝都の空に迎えて、撃つようなことがあったならば、それこそ、人心阻喪の結果、我は或は、敵に対して和を求むるべく余儀なくされないだろうか。何ぜなら、是の時に当り我機の総動員によって、敵機を迎え撃っても、一切の敵機を射落すこと能わず、その中の二、三のものは、自然に、我機の攻撃を免れて、帝都の上空に来り、爆弾を投下するだろうからである。そしてこの討ち漏らされた敵機の爆弾投下こそは、木造家屋の多い東京市をして、一挙に、焼土たらしめるだろうからである。如何に冷静なれ、沈着なれと言い聞かせても、又平生如何に訓練されていても、まさかの時には、恐怖の本能は如何ともすること能わず、逃げ惑う市民の狼狽目に見るが如く、投下された爆弾が火災を起す以外に、各所に火を失し、そこに阿鼻叫喚の一大修羅場を演じ、関東地方大震災当時と同様の惨状を呈するだろうとも、想像されるからである。しかも、こうした空撃は幾たびも繰り返えされる可能性がある。」(『桐生悠々反軍論集』所収)

退社に追いこまれる

『信濃毎日新聞』一九三三年八月一一日づけの「評論」である。その前々日からおこなわれていた、実戦さながらの「大演習」の模様が、「凄惨、帝都を猛襲　全市修羅の巷と化す」と五段抜きで、前日の一〇日づけの夕刊に掲載されている。この大演習の報道でさえ、他紙にはなかったもので、なにごとも秘密を旨としている軍部の不興を買ったようだ。

それはともかく、悠々が想像した悲惨は、一二年後に、大空襲として現実のものとなった。「東京市をして、一挙に、焼土たらしめ」たのである。バケツリレーの防空大訓練などで、火の手を防げるようなものではなかった。

東京の上空で敵機を迎え撃つ、などという陸軍の作戦計画は滑稽である。もしも実際におこなわれるならば、最終の戦争を想定すべきだ、と悠々はきわめて冷静だった。この四〇〇字の原稿用紙に換算して五枚ほどの文章に、「滑稽」が三回もつかわれていることに、合理主義者・悠々の、非科学的な演習など噴飯ものでしかない、といった腹立ちが露骨に示されている。

たしかにこの論説は、戦後になって筆鋒鋭いジャーナリストとして活躍した須田禎一(北海道新聞論説委員）が批判したように、「防空演習そのものに原則として反対しているものではなく、単に演習の方法に異議をとなえたにすぎない」（須田禎一『ペンの自由を支えるために』）かもしれない。しかし、すでに軍部の驕慢は、そんな批判さえ許さないほどに増長していた。それでもなお、ひるむことなくたちむかった悠々の骨の太さは、無抵抗の記者たちのあいだで際だっていたはずだ。

この文章が掲載されると、信州郷軍同志会は、各支部を糾合して『信濃毎日新聞』（以下『信毎』）の不買運動をはじめた。会社側は軍部中枢と折衝して解決策を講じていたが、一ヶ月ほどたって、ついに「評論子一週間の謹慎」との記事が掲載された。

関東防空大演習には、前日の『信毎』の記事にもあったように、重要な行事として「天皇」からの「御沙汰書」が与えられていた。恐れ多くもそれを論評したので、謹慎の意を表する、との内容だった。この文章は、悠々が自分で認めたものだが、「軍部の圧力によって謹慎するのではない、という気迫が読みとれる」と太田雅夫さんは書いている（『評伝　桐生悠々』）。結局、悠々は退社に追い込まれることになった。

その前年の三二年、「満州国」の建国が宣言され（三月）、海軍将校と陸軍士官候補生たちが首相官邸に乱入、犬養毅首相を暗殺する（五・一五）事件が発生していた。三三年にはいって、日本は国際連盟を脱退（三月）、国際的孤立の道に突き進む。

言わねばならないこと

この時期、すでに軍部は国民を空爆に曝(さら)す日がくるのを想定していたのだから、その無謀さは糾弾に価する。が、ジャーナリズムでは『信毎』しか、その無謀、無責任を批判しなかった。それも悠々が孤立した理由だった。

「人動(やや)もすれば、私を以て、言いたいことを言うから、結局、幸福だとする。だが、私は、この場合、言いたい事と、言わねばならない事とを区別しなければならないと思う。私は言いたいことを言っているのではない。徒(いたずら)に言いたいことを言って、快を貪っているのではない。言わねばならないことを、国民として、特に、この非常に際して、しかも国家の将来に対して、真正なる愛国者の一人として、同時に人類として言わねばならないことを言っているのだ。

言いたいことを、出放題に言っていれば、愉快に相違ない。だが、言わねばならないことを言うのは、愉快ではなくて、苦痛である。何ぜなら、言いたいことを言うのは、権利の行使であるに反して、言わねばならないことを言うのは、義務の履行だからである。もっとも義務を履行したという自意識は愉快であるに相違ないが、この愉快は消極的の愉快であって、普通の愉快さではない。

しかも、この義務の履行は、多くの場合、犠牲を伴う。少くとも、損害を招く。現に私は防空演習について言わねばならないことを言って、軍部のために、私の生活権を奪われた。私は又、往年新愛知新聞に拠って、いうところの檜山事件に関して、言わねばならないことを言ったために、司法当局から幾度となく起訴されて、体刑をまで論告された。これは決して愉快ではなくて、苦痛だ。少くとも不快だった。」(『他山の石』一九三六年六月五日、太田雅夫編『桐生悠々自伝』所収)

ここで述べられている「檜山事件」とは、悠々四四歳のとき、主筆として赴任していた『新愛知』当時の話である。名古屋の高等女学校の檜山という校長が、自分のスキャンダルを隠蔽するために、女教師を解雇しようとしたのを知らされ、義憤に駆られた悠々が、批判の大キャンペーンを張って、校長から名誉毀損で訴えられた事件である。

これは新聞紙法違反で起訴されたが、法廷でプライバシー擁護と報道の公共性をめぐる論争となった。結局、悠々が勝訴、無罪となった。

冷静さを忘れず

「嗤う」によって『信毎』を去った悠々は、すでに六〇歳になっていた。『信毎』に在籍していたのは、五年間だったが、じつは『信毎』退社はそれが二度目だった。最初に赴任したのは、三七歳のとき、やはり主筆だった。このとき、明治天皇に殉死した乃木希典夫妻を批判した「陋(ろう)習打破論」(一九一二年九月一九日から三日間)を発表して、物議を醸している。

「仮に殉死を以て善事とみなせば、善事は奨励すべきものであるから、次に殉死を奨励せりと仮定せよ。而して今日の元老及び明治天皇から直接の恩顧を蒙った閣臣及び諸臣をして、一時に明治天皇に殉死せしめたりと仮定せよ。それこそ世は暗闇となるであろう。山県、井上、桂等の諸元老が自殺したとて、さまで日本の損失ではなかろうが、西園寺侯などが自殺しては、将来の憲政に至大の悪影響を及ぼすのは知れたことである。東郷大将の自殺なども、余り賞めたことではない。悪いものばかりが死んで、善いものばかりが生きながらえば、それこそ願ったり叶ったりで、殉死も時によっては大に奨励するの必要もあろうが、世の中はそうも問屋では卸してくれない。グレシャムの法則ではないけれど、悪銭は能く善銭を逐うも、善銭は悪銭を逐うこと能わずと云うのが世の中である。殉死によって悪人が排外されれば何よりの事だが、事実は善人が排外され易い。現に乃木将軍の如き善人が排外されて、数多の悪人が生きながらえて居るではないか。殉死は国家政策の上より見ても、実に不得策極まる愚挙である。」

「封建制度の遺習」(悠々)でしかない殉死が、拍手喝采される風潮に、悠々はザブンとばかり冷水を浴びせかけた。「美談」をつくりたい世論に迎合せず、興奮にたいして冷静さを訴えるのは、ジャーナリズムの責務というものである。しかし、ひとの死を批判するのだから、勇気がいる。文章はつぎのようにして、締めくくられている。

「我等は之(これ)より更に進んで、世人が乃木将軍の死に対して、如何に神経質になり又如何に自己の意見を吐露するに臆病になって居るかを見、又如何に之を利用せんとしつゝあるかを見ようと思う。而(しか)して乃木将軍の殉死に対する一切の虚偽的評論を排しようと思うのであるが、ソハ興奮した人心が沈静して、彼等自らが省る機会の到達する日を待ち、ここに一度筆を擱(お)く。」

読者からの投書が殺到した。「首を洗って待っていよ」「覚悟していろ」などと書いているほかにも、悠々の記事を切り抜き、鼻汁(はな)をかんで送りつけるものもあった。それでも、暴力的なものはなかった、と彼は県民の聡明さを評価している。このときは、社長名で悠々批判の文章が掲載され、ようやく不買の動きを食い止めた。

「私は固(もと)より一介のジョルナリストに過ぎない。だが、ジョルナリズムと殉死することを欲しない。だから、往々にしては、狂い易き、従って事物の真相を誤り易き時の感情を制して、冷静に判断せんことをつとめる。現在に順応することを忘れないけれども、未来に順応せんとすることをも忘れない。否、忘れざるべくつとめている。」(「信州が好きになった一理由」)

第一次退任

そうかといって、悠々はいつも冷静だったわけではない。世は「大正」の時代となり、第一次憲政擁護運動が全国化していた。乃木将軍の殉死批判の文章のなかで彼があてこすっていたように、山県有朋や桂太郎など長州閥への反感は強く、桂第二次内閣が発足すると、期せずして起こった国民運動に呼応して、憲政擁護の論説を書きつづける。

悠々は長野県下の新聞記者を糾合して、「憲政擁護長野県同志記者大会」を組織して、その座長をつとめた。「閥族打破、憲政擁護の大戦争に於て、われ等は熱狂しないで、如何にして之に勝つことが出来る乎（か）」（『信毎』一九一三年二月三日）とアジっている。

「二月五日、政友会・国民党などの野党連合が、政府弾劾・内閣不信任案を上程すると、政府は議会に五日間の停会を命じた。国会が再開される一〇日には、早朝から胸に白バラをつけた護憲派議員を先頭に数万の民衆が議事堂をとりまき、二、五〇〇人の武装警官、三個小隊の憲兵と対立した。これを見た政府は三たび議会を停会にした。これに憤激した民衆は夜になって市内にくり出して桂内閣を支持した『やまと新聞』『国民新聞』を襲い、交番を焼打ちした。」（太田雅夫『評伝　桐生悠々』）

悠々は、「五千万の民、討てや此閥族を、討てや此閥族を」（『信毎』二月一一日）と書いて追撃した。過激である。

第三次桂内閣は、民衆の力によって、組閣五〇日にして崩壊した。主筆が堂々たる政友会批判の論陣を張っているのだが、社長は自社の主筆にきびしく論難されている政友会所属の代議士だった。この緊張関係に、社長と主筆双方の、言論を大事にする真摯な姿勢がよくあらわされている。

悠々は小坂順造社長に、政友会脱退をすすめた。すでに尾崎行雄は、山本権兵衛を首相に担ぎだして、閣僚を独占するような姑息なやりかたを批判して、政友会を去っていた。悠々の論理は、新聞は「公益優先」である。新聞社は公益に従っていけばいい。社益優先と公益優先とは、けっして相矛盾するものではない、というものだった。

小坂社長はほんのちょっとの間だけ、政友会を離党する。といっても、もともと、『信毎』は政友会系の新聞だったから、社長が一時離党するなどの小手先の解決策ではすむようなものではない。それで結局、悠々は退社することになった。

これが第一次の悠々退任の事情である。それから一四年後、ふたたび『信毎』に招聘されたのは、主筆だった風見章(かざみあきら)が普通選挙(第一回、一九二八年)に出馬するため、退職したからだった。もちろん、小坂社長が、悠々の識見をたかく評価していたからこそ実現したのだった。

このとき、社長も悠々も予想だにしていなかったのだが、五年後の必然として、「関東防空大演習」が待っていた。乃木大将の殉死のときとおなじように、悠々は苛烈に論難し、またもや軍部からの横槍がはいって、経営が危機的状況に追いこまれる。

『他山の石』

悠々のペンに、安住の地はなかった。彼の合理主義にとって、「殉死」も「大演習」も、百害あって一利なし、時代遅れの精神主義でしかなかった。悠々のペンは、おのれの安住を拒否していた。

生贄(いけにえ)の報いられずして梅かおる

信州を去るにあたって、親しいひとたちに残した、悠々の一句である。一二月、雪国ではまだ梅が咲く季節ではない。とはいえ、絶望に打ちひしがれているわけにはいかなかった。

「人は多く、老いるにつれて妥協的になりやすいものだが、桐生は老いるとともにかえってラディカルになった。言論弾圧が激しくなるに比例して、ペンの自由を生命とする彼の背骨(せぼね)がますますシャンとし、彼の眼がいよいよ鋭くなったのである。」(須田禎一・前掲書)

『新愛知』の主筆として、大学の後輩である吉野作造の「民本主義」を批判していた悠々が、第一次大戦においてドイツ皇帝軍が敗北したのを眼のあたりにして、民本主義へと転換していった。すでに四五歳になって、社会的な地位のあった男が、思想的大転換をなし、さらにラジカルになっていくのは、みごとというしかない。

悠々の転換の軌跡を秦達之さんは、一九一八年一平月の『新愛知』のコラム「緩急車」に、三回にわたって掲載された「人心夫殆い哉」に依拠しながら、つぎのように跡づけている。

「「さればこそ私は、爾来民主主義に反対して哲人主義、傑族主義を力説して居るのである。民主主義決して悪主義にあらざるのみならず、此主義は今や世界の大勢であって、流石に頑張なる独逸すらも亦其前に屈服せんとしつつあるから、私共は固よりこれに反抗するの愚なるを知って居る、而かも此主義がレファインされず、若くは日本化されずして、其儘我邦に輸入さるるならば、殷鑑遠からず、我も亦露国の二の舞を演じなければならぬ」

ロシア革命を例に引きながら民本主義(悠々自身は民主主義の語を使うことが多くなる)を批判するあたり、以前の悠々と基本的には変わっていない。むしろ、反民本主義を推す歴史的事例を追け加え、反民本主義の正当さを証明しているように受取れる。……

日頃好感を抱かなかった、アメリカ、それに加えてドイツの革命から今回学んだ点を語るくだりこそ、悠々の転換を如実に示す注目すべき箇所である。

「併しながら、今回の戦争に於て私共に最も貴重なる教訓を与えたものは、米国の活躍と独逸の革命である。米国の活躍は極端なる民主主義では優に戦争をなし得ることを私共に教え、独逸の革命は民族だに平生訓練されて居るならば、流血を見ずしてこれを実現し得ることを私共に教えた。それ故、私共は今後民主主義に対する態度を一変しなければならぬ。又、其態度を一変しても内外共に決して危険を感じないだろうと思う」

この民主主義への信頼は、悠々にあって決定的「一変」だった」（「桐生悠々の一九一八年」『東海近代史研究』第二一号）

週刊誌の記者からスタートして、『下野新聞』『大阪毎日』『大阪朝日』『信濃毎日』『新愛知』『信濃毎日』と三十余年にわたる記者生活はついに中断させられた。満身創痍、住み慣れた名古屋に帰ってきた悠々が、糊口を凌ぐために発刊したのが、月二回刊行の小冊子『他山の石』だった。

最初の年（一九三四年）は、『名古屋読書会報告』とのタイトルで、丸善で買いもとめた新着の洋書を読破、その抄訳を月二回発行した（井出孫六『抵抗の新聞人 桐生悠々』）。三百人の会員から会費を集め、発送まで自力である。悠々の問題意識は、外国からみた日本の戦争の見透しだった。

「大演習」のあと一九三四年から、「真珠湾攻撃」の四一年まで、悠々はこの片々たる個人誌に依拠して、国民を破滅に引きずりこもうとする軍部にむかって、ひとりペンで戦った。須田

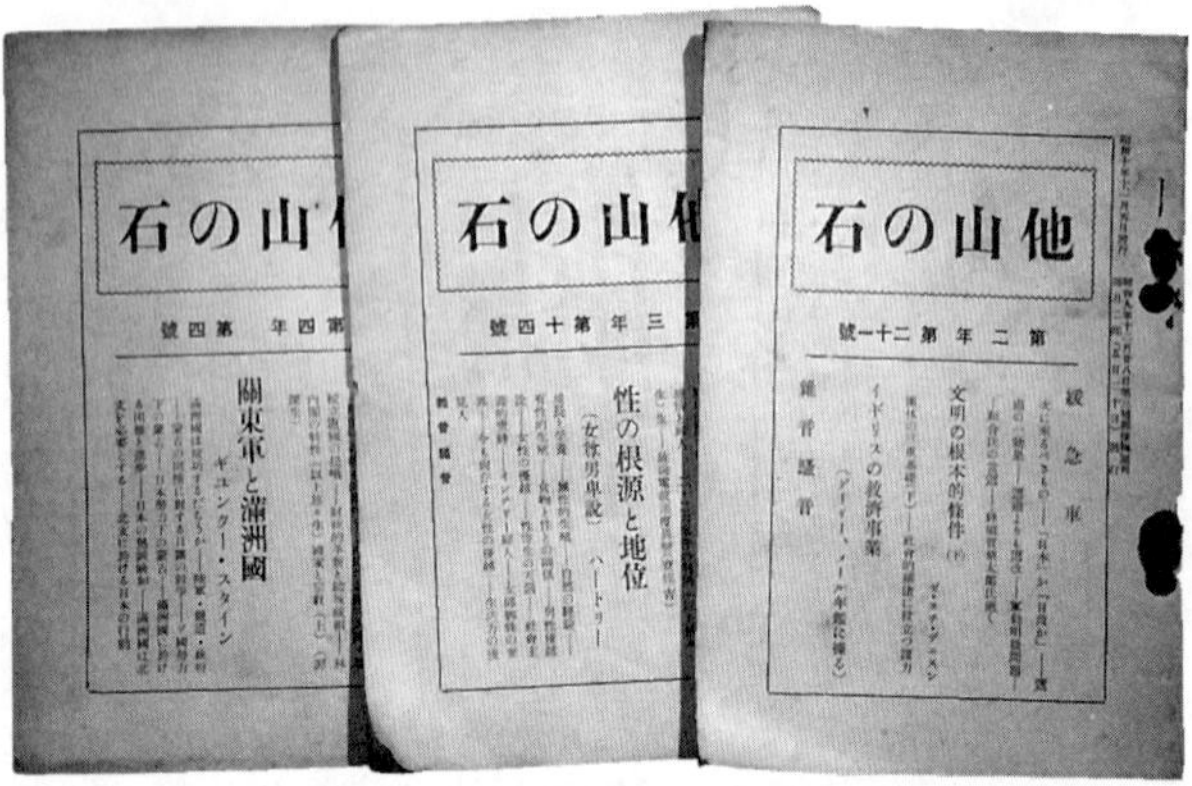

『他山の石』(提供・石川近代文学館)

のいうように、六〇歳すぎて、反骨はますます徹底するようになった。発禁、削除処分が二七回にも達していた。月二回の刊行だから、三月に一回の割り合いで、特高から処分を受けていた。その事実が、わたしたちの保身のかまえを撃つ。

いま読んでも、どきりとさせられるのは、『他山の石』に掲載された、「不安なる昭和十二年」である。

「「昭和」！　お前は今日の時局に何というふさわしからぬ名であるか。尤も(もっと)お前も最初は明朗であり、その名通りに「昭」であり、「和」であったが、年を重ぬるに従って、次第にその名に背き五・一五事件以前において、早くも「暗」となり、「闘」となった。そして昨年の二・二六事件以来は、「暗」は益々「暗」となり、「闘」は益々「闘」となった。……

「昭和」よ、お前は今日から、その名を「暗闘」と改めよ。これが、お前に最ふさわしい名である。」(『桐生悠々反軍論集』所収)

一九三七(昭和一二)年から翌三八年にかけて、防空法施行、大本営設置、国民精神総動員中央連盟結成、国家総動員法成立と「暗闘」にむかってすすんでいく。大政翼賛会創立は、四〇年だった。

たかだか四六判三〇ページたらずでしかなかったが、『他山の石』は、昭和の闇のなかで燦然と輝いている。悠々の抵抗の姿勢をみれば、ペンはジャーナリスト個人の武器であって、新聞社という企業に属するものではない、という事実をあらためて思い知らされる。

新聞社をやめてからでも、ミニコミを発行して言論の気を吐いたジャーナリストに、釜石の『三陸新聞』鈴木東民、秋田で『たいまつ』を発刊しつづけたむのたけじ、大阪で『窓友新聞』を発行した黒田清などがいる。宮武外骨も平塚らいてうも大杉榮もまた、自力で自分の媒体をつくった。陸羯南も自分の書く場を自力でつくった人物だった。

『名古屋読書会報告』を『他山の石』と改題して二年目、三六年の九月、悠々は『岐阜民友新聞』に入社している。「鶏頭語」と題するコラムを担当したのだが、発行部数三〇〇から四五〇前後の『他山の石』(会費制)だけでは、生活が苦しかったからであろう。

人生いかに死すべきか

悠々は、「暗闘」のむこうに横たわる「光明」を凝視(みつめ)ていた。『他山の石』は、そこに至るまでのかそけき道でもあった。「本誌の特色」について、悠々はつぎのように書いている。

「人は誰でも一国家、一民族の構成員である限り、彼の心理作用はその従属国家又は民族の伝統によって左右されます。これが自然であります。だが、この伝統は動(やや)もすれば、往々にして、又ほとんど常に世界の平和、人類の幸福を阻止し、破壊すらもした。私たちはこの弊害、この一大弊害に顧みて、なるべく超国家的、超民族的でありたいと思います。そして世界の平和、人類の幸福に貢献したいと思います。こうした念願で編集されてありますのが、この雑誌です。すべての人は、特に我が旧体制政治家の多くは、現在に住みながら、そしてこの現在が刻一刻、現に未来に向って進みつつあるにも拘らず、過去を恋い慕う余り、時計の針を戻して、その過去の世界に住もうとあせっています。だが、私たちはこれと異なり、無論振り返って、過ぎ来りし方を眺めますけれども、多くは足下を照顧しながら進み、特に遥かかなたに横たわっている光明の彼岸を望みつつ進みたいと思うものであります。言いかえれば、現在よりも寧ろ未来に於て住みたいと思うものであります。この念願で編集されてありますのが、この雑誌です。」(『畜生道の地球』所収)

『他山の石』の終刊号は、四一年九月に発行されるはずだった。それまで、二号つづけて発

禁にされていた。妻の寿々さんの話によれば、

「「又駄目かぁ」といって、がっくりして、ショックも大きかったんですね。二階の書斎にあがったきり、下りてこないんですよ。わたしは、自殺するんじゃないかと心配になって、何度も書斎をのぞきにいきました。すると机にうつぶせになって、うめいていました。」(太田雅夫・前掲書)

悠々の『守山日記』にも、原稿を印刷所にわたしたあと、発禁にされているんじゃないか、と不安な気持ちでいる様子が書きとめられている。精魂こめて書いた自分の原稿が、陽の目をみないで平気でいるひとはいない。人間固有の権利としての表現を、遮断する権利など警察にあるわけはない。

病気とたたかいながら準備した終刊号も、やはり発禁だった。絶筆になった論文は、「科学的新聞記者」だった。

「将来の(現在でも決して早くはない)新聞記者は創造的作者であらねばならない。六十歳の、又これよりも、もっと年取ったものの言に聴いて、神秘主義を尊奉するに至っては、その存在理由を失うのは明である。見よ、彼等は既にその存在理由を失わんとしつつある。試みに街頭に出て、民衆の言うところを聞け、彼等は殆んど挙げて今日の新聞紙を無用視しつつあるではないか。」

いまでも充分に通用する警告である。悠々のみごとな一生について、正宗白鳥が書いている。

「彼はいかに生くべきか、いかに死すべきかを、身を以って考慮した世に稀れな人のように、私には感銘された。これに比べると、今日のさまざまな知識人の賢明なる所論も、ただの遊戯文字のように思われないでもない。……

悲観的桐生と云い楽観的内村と云い、どちらも事理に疎い空論家であるにはちがいない。しかし、さまざまの賢明な智識人の所論に比べて、痴人の面知さがそこにほのめいているではないか。「人生如何に生くべきか」或は死ぬべきかを、かの二人はその好みによって示しているではないか。」(「人生如何に生くべきか」『正宗白鳥全集』第九巻所収)

七　国家よりはるか遠くに　尾崎秀実

1901–1944
(提供・毎日新聞社)

尾崎秀実略年譜

1901(明治34)	4月29日，東京に生まれる．同年，一家で台湾に移る
08(　　41)	国語学校附属小学校入学
13(大正 2)	台北中学校入学
19(　　8)	第一高等学校入学．ソ連，コミンテルン創設
22(　　11)	21歳，東京帝国大学法学部入学
25(　　14)	卒業，大学院に進学
26(　　15)	25歳，朝日新聞社入社
27(昭和 2)	26歳，英子と結婚
28(　　3)	細川嘉六らと中国問題について研究会．上海通信部に転勤
29(　　4)	アグネス・スメドレーと知り合う
30(　　5)	スメドレーからゾルゲを紹介される
31(　　6)	柳条湖事件
32(　　7)	帰国，大阪朝日新聞に移る．満州国建国，日満議定書
33(　　8)	ゾルゲ来日
34(　　9)	ゾルゲと会い，協力を要請される．東亜問題調査会スタッフとして東京に戻る
35(　　10)	日本でのゾルゲ組織固まる
36(　　11)	2.26事件．『現地に支那を視る』刊行．太平洋問題ヨセミテ会議に出席
37(　　12)	昭和研究会の支那問題研究部会に参加．盧溝橋事件．『嵐に立つ支那』『国際関係から見た支那』刊行
38(　　13)	朝日新聞退社，第1次近衛内閣の嘱託となる．『現代支那批判』刊行
39(　　14)	内閣嘱託解任．支那研究室開設．『現代支那論』刊行．満鉄本社調査部嘱託となる
40(　　15)	『支那社会経済論』刊行
41(　　16)	自宅で検挙．ゾルゲをはじめとする組織員の検挙が続く
43(　　18)	公判，死刑判決(翌年，大審院における上告棄却，死刑確定)
44(　　19)	11月7日，ゾルゲとともに絞首刑，43歳
46(　　21)	『愛情はふる星のごとく』刊行

「売国奴」と呼ばれて

「国家の秘密を漏洩した売国奴」。その汚名によって、絞首刑を執行された日本最初のジャーナリスト、それが尾崎秀実（ほつみ）である。

政治犯として縊（くび）り殺されたものなら、明治以降でも、幸徳秋水、管野須賀子など「大逆事件」の被告があり、あるいは「虎ノ門事件」の難波大助、憲兵隊に虐殺された大杉榮、伊藤野枝、さらには、特高の拷問によって殺害された小林多喜二などがいる。

そのほかにも、治安維持法によって捉えられ、長期拘留やリンチなどによって衰弱、獄死したものなら、哲学者の三木清や戸坂潤から無名の労働者にいたるまで、かぞえきれない。

しかし、国防保安法、軍機保護法、治安維持法など、戦時体制下のいわば「有事立法」によって極刑に処されたのは、尾崎秀実とその同志リヒャルト・ゾルゲだけである。

尾崎やゾルゲの逮捕（一九四一年一〇月一五日）から半年もたって、「国際諜報団検挙さる」（『朝日新聞』一九四二年五月一七日）との記事が掲載された。それまで報道管制下におかれていた各紙が、ようやく、尾崎など「国際諜報団」の中心人物の取り調べが一段落したので、東京地裁に予審請求をした、との司法省発表を長文の記事にしたのだった。

「支那事変発生以来、朝野協力して防諜措置の万全を期し詭激思想の防遏に苦心して来たのであるが、その間において長期間にわたりかかる不逞団体の蠢動を許したことは仮令一味の擬装が極めて巧妙であったとはいえ、まことに遺憾に存ずる次第である、最近における日本精神の昂揚と屢次の検挙とにより共産主義運動が殆ど屏息した情勢の下においてなお尾崎等の左翼分子が依然その信念を捨てずかかる売国的所行に出たことは、その情真に憎むべきものと思料せられるのである。

また、西園寺公一、犬養健の如き相当知名の人士が尾崎の極めて巧妙な擬装に眩惑せられたため不用意の間に秘密事項を漏洩したことは、尾崎の真の意図を全然察知していなかったためとはいえその結果から見てまことに残念に思う次第である。」(『朝日新聞』)

司法、内務当局の談話である。共産主義運動は、グウの音もでないほどに弾圧しつくした。ところが、まだ新手があらわれ、体制の中心部にまで接近していた、との憤りだった。

おなじ紙面には、大本営発表による、フィリピンのバターン半島やビルマでの戦果が大々的に報じられている。その日まで、報道が抑えられていた尾崎やゾルゲの逮捕は、日独伊三国同盟、大政翼賛会、大日本産業報国会の結成と、開戦にむかう体制を着実に整えていた軍部との連携プレーだった。

尾崎が政策ブレーンにくわわっていた近衛内閣の崩壊は逮捕の翌日であり、翌々日には陸軍大臣だった東条英機を首班とした「東条内閣」が発足した。真珠湾攻撃は、その一ヶ月半あとである。

たしかに、逮捕されたとき、尾崎秀実は現役の記者ではなかった。三年前に朝日新聞社を退社して近衛文麿内閣の嘱託となり、そのあと南満州鉄道(満鉄)嘱託の身分となっていた。が、それはジャーナリストとして鍛えられた中国問題に関する見通しの正確さと見識のたかさを評価されてのことで、彼は依然としてジャーナリズムで颯爽として論陣を張っていた。

『中央公論』や『改造』などの総合雑誌で健筆をふるい、『現代支那論』(岩波新書)や『支那社会経済論』(生活社)の著書を世に問う四〇歳、少壮の論客だった。

あいまいな「国家機密」の定義

尾崎を死刑に追いこんだ「国防保安法」は、一九四一年五月に施行されたばかりの新法だった。尾崎とゾルゲは、その五ヶ月後の一〇月に逮捕され、三年後の四四年一一月に処刑された。国防保安法、軍機保護法、治安維持法には、ともに極刑としての死刑が設定されていて、それらが無情にも適用された。

ちなみにいえば、国防保安法には、

「業務ニ因リ国家機密ヲ知得シ又ハ領有シタル者之ヲ外国(外国ノ為ニ行動スル者及外国

人ヲ含ム。以下之ニ同ジ）ニ漏泄シ又ハ公ニシタルトキハ死刑又ハ無期若ハ三年以上ノ懲役ニ処ス」（第三条）

と規定されている。第一条で、「国家機密」とは、国防上外国に対し秘匿することを要する外交、財政、経済其の他に関する重要なる国務に係る事項、と定義されている。

とりわけ、御前会議、枢密院会議、閣議またはこれに準ずる会議、さらに帝国議会の秘密会議に付せられた事項および議事録、それらの会議のために準備された各行政各部の重要な機密事項、などと拡大されている。これらの「国家機密を探知し、収集し、漏泄し、公にした者」にたいして、死刑をふくむ処罰が定められてある。

が、しかし、「経済その他に関する重要なる国務に係る事項」などといわれてしまえば、どこまでが国務に関することで、どこから先が国務に関係しないことなのか、両者を線引きするのは難しい。「行政の機密」などといっても、あまりにも曖昧な規定だ。

戦時下、変貌する故郷

尾崎は国防保安法が施行された直後、親戚の不幸があったので、郷里の岐阜県飛騨高山、高地から源を発する飛騨川の上流にあるちいさな集落に、二〇年ぶりに帰省している。そこにあらわれた時代の変化について、『都新聞』（『東京新聞』の前身）の連載コラム（一九四一年五月三一日)で、つぎのように書いている。

「支那事変の影響は何といっても顕著である。村の共同墓地には幾つかの戦死者の新しい墓石が見られて、江蘇省の細かい地名が誌るされているのが目につく、これは上海の敵前上陸に参加した鷹森部隊に属した人々である。

掲示板には防諜週間とあって防諜のポスターが張りつけられている。

何といっても大きな国の経済の変化はやはりくまなくこの山村の経済事情に影響していることが見られる。かつて無く多くの現金が懐に入って来た。そして物と労力不足のきびしさ。

だが何にもまして強く感じられる変化は、昔は政治などは遠い世界のことのように無関心であった人々が、国の政治に強い関心をもって来たこと、遠い世界の事柄にまで興味を示すようになったことである。」(「不変なるものと変化するもの」『尾崎秀実著作集』第五巻)

人跡稀な山里であっても、大きな時代の変化がひたひたとおし寄せている。尾崎はそれを書きながら、島崎藤村が活写した『夜明け前』の時代を思い描いていた。彼の祖父もそのころの運動に参加していたという。

その舞台は、尾崎によれば、彼の故郷の「ほんの山一つ越した裏側」(『愛情はふる星のごとく』一九四四年八月三〇日)ということになる。藤村が書いた幕末の激動とすでに泥沼化していた日中戦争の去就、そして自分が阻止に全力を傾けていた開戦前夜の危機的状況とを、尾崎は重ねあわせていたのかもしれない。

この文章で、「現金が懐に入って来た」というのは、飛騨川流域でのダム建設による補償金だったり、戦時体制によって農産物が高騰したためのようである。

それにしても、緑がまぶしいほどに輝きだした初夏の山村の道端に、敵性スパイからの防諜を訴えるポスターが張りだされている。国防保安法は、住民同士の相互監視の視線をさらに徹底させることに貢献したのだろうが、そのポスターを眺めていた尾崎が、やがて自分がまず真っ先に防諜運動の血祭りにあげられる、と予感していたのかどうか。

たった六人の通夜

西園寺公望の孫であり、近衛内閣の嘱託を務めていた西園寺公一(きんかず)によれば、刑死した尾崎がちいさな骨壺にはいって帰宅した、目黒区祐天寺の住宅街での通夜の席にいたのは、たった六人だった、という。

妻の英子、ひとり娘の楊子、高校時代からの友人である松本慎一、控訴審弁護士の竹内金太郎、ゾルゲ事件に連座し、蟄居(ちっきょ)していた熱海から駆けつけた西園寺とその秘書、六人だけ。家族と弁護士以外は、ふたりの友人とそのひとりの連れという寂しいものだった。だれそれは来そうなものだが、といいたい思いはあるにしても、だれも口にださない。

「こういう席はなるべく避け度いと考えさせる世の中の情勢は如何とも為し難いのである。軍国に於ける権力は、その規定する軌道から些かでも外れると思しい行動については、些かの容赦もないものである。」(西園寺公一「尾崎秀実と私」尾崎秀樹編『回想の尾崎秀実』所収)

西園寺は尾崎処刑の一年後の一周忌に、やはり尾崎家を訪問して、狭い家にはいりきれないほどの訪問客をみて、ほうほうの体で逃げだす。不在の主は、一年前には国賊だった。西園寺や尾崎たちが見透していたように、戦争も敗戦に終わってしまえば、こんどは英雄あつかいされる。参会者たちはいかに故人と親しかったか、それを聞こえよがしに語っているのだ。

尾崎処刑は敗戦の日の九ヶ月前、南太平洋のサイパン、グアム島はすでに米軍に占領されていた。あたかも、あわてふためいたかのように、尾崎は絞首台に押しあげられたのだが、それから一年もたたないうちの状況の急変、西園寺は「それに左右される人間の心情とを、しみじみ考えさせられていた」という。

「愛情はふる星のごとく」

獄中から妻と娘に送り届けられた尾崎の二四三通にのぼる手紙のうち、およそ三分の一が、

『愛情はふる星のごとく』

『愛情はふる星のごとく』と題されて出版され(一九四六年九月)、戦後のいちはやいベストセラーとなった。タイトルのもとになったのは、大審院(二審制)で上告が棄却され、死刑が確定した二日あと、一九四四年四月七日に書かれたものである。

「思えば私は幸福な人間でした。この一生いたるところに深い人間の愛情を感じて生きて来たのです。わが生涯をかえりみて、今燦然と輝く星の如きものは、実に誠実な愛情であったと思います。友情はそのうちに一等星のように輝いています。」

この日の手紙に、尾崎はつぎのようにも書いている。

「昨日帯を入れてくれるように云いましたが、別にそれに及ばないと思います。事情をよくしらべた上で新らしい事実がわかったからです。最後の時の装束はすっかりととのっています。私は約二年前位から心がけてあったのです。それで真白なチリ紙、新らしい草履(この二つなぞは今はどうしても手に入りません)、新らしいハンケチ、新らしい足袋、これだけ別にとりのけてあるのです。

執行までどれだけの時間があるか全然見当もつきません。勿論、私としては明日でも結構ですが、しかしまだ二三、申し残して置きたいことが無いでもありませんから順を追うて申しのべましょう。

新たに物の差入れなどする場合は大体私の方から頼んだ上にして下さい。一般に事足りておりますし、物の貴重な際無駄になってももったいないと思いますから。

春光とともにうらうらと残りの日月をわたって行きたいと思っております。心すこぶるのどかです。父上始め、心配をかけた友人諸君に心からなる私の感謝を伝えて下さい。」

「西安事件」をするどく分析

朝日新聞の元上海特派員だった尾崎秀実が、「ジャーナリズムの脚光を派手に浴び」(西園寺公一『貴族の退場』文藝春秋新社、一九五一年)るようになったのは、一九三六年一二月、国民政府の総統・蔣介石が張学良の指揮する東北軍に捕捉、監禁された、「西安事件」についての分析と論評によってだった。

蔣介石は殺された、などといって判断停止になっていたマスコミのなかで、尾崎は蔣介石は無事に南京(当時の首都)に帰されるであろう、と断言した。尾崎は毛沢東がひきいる中国共産党の、「国共合作」と「抗日救国」の統一戦線形成の呼びかけに張学良が動かされ、蔣介石もそれに応じることになる、と判断していた。

一年後に発表された毛沢東の『矛盾論』によれば、このときの中国の「主要な矛盾」とは、日本帝国主義の中国侵略であり、国民党と共産党の対立は副次的な矛盾にすぎない。日本帝国主義に対抗する、統一戦線のすみやかな形成が急務だった。中国共産党にも取材ルートのあった尾崎は、将兵のあいだに支持されるようになっていた、「抗日救国」の要求のあらわれとして、「西安事件」の本質を分析していたからこそ、その解決策を見透していた。

この「学良兵変」の直後に発売された『グラフィック』や『中央公論』に、尾崎が発表した論文は、その後の推移を見事にいい当てた。「かれの西安事件の解釈と、これが将来、国民政府にあたうべき影響など、まことに正鵠(せいこく)をえたもので、非常にみな感心し、すこぶる好評であった」と『グラフィック』誌の主宰者だった西園寺公一は、「尾崎秀実と私」に書いている。

コミンテルン諜報員ゾルゲ

上海特派員だった二九歳の尾崎が、一九三〇年一〇月、ドイツ人のリヒャルト・ゾルゲと会ったのは、米国人ジャーナリスト、アグネス・スメドレーの紹介によってだった。白川次郎のペンネームで、スメドレーの『女一人大地をいく』を翻訳(一九三四年)、紹介したのは、尾崎自身だった。日本では彼女の『中国の歌ごえ』のほうが、よく知られている。

ゾルゲは、一八九五年一〇月に、コーカサスの油田地帯バクーの石油会社に勤めていたドイツ人鉱山技師とロシア人富豪の娘とのあいだに生まれた(ディーキン／ストーリィ『ゾルゲ追跡』)。革命運動家であり、革命的なジャーナリストだった。このときすでに二冊の著書をもっていた。が、彼は学者の道をすすまず、モスクワに本部のあった「コミンテルン」(国際共産主義運動)の情報部ではたらくようになっていた。

上海にやってきたのは、この国際都市が、革命運動の結節点だったからで、このとき、彼は赤軍第四本部に所属する諜報員だった。

ゾルゲの任務は、

一、次第に強化されつつある南京政府の社会的・政治的分析

二、南京政府の軍事力の研究

三、中国に於ける各種の集団および派閥の、社会的ならびに政治的分析とその軍事力の問題

四、南京政府の内政および社会政策の研究

五、各国、とくに日本およびソビエトにたいする南京政策の外交政策

など九項目にのぼるものだった。日本が「満州事変」に踏みこんだあとでは、満州(東北地区)

への武力侵略について、さらに対ソ関係の変化なども研究対象となった。これについて、秀実の母ちがいの弟である尾崎秀樹(ほつき)は、こう書いている。

「こうならべてみると、まるで中国研究のテーマそのままであって、いわゆる第一次大戦前後までのスパイが、軍事機密だけを神経質に追いかけていた様相と根本的にことなっていることがわかる。複雑な現代の政治社会では、有能な情報担当者は、第一流の政治学者、経済評論家、社会研究家としてそれぞれ多角的な能力を一個の才能のうちにそなえなければならない。ゾルゲはその意味において最高の資格をそなえた人物だった。」(『ゾルゲ事件』)

「共産主義者」の死刑を急ぐ軍閥内閣

尾崎がゾルゲの活動に協力したのは、「もっとも信用していい人物」とのスメドレーの推奨があったこともあったが、実際会ってみての人柄、見識に魅力を感じたからだった。

「コンミュニストとしても経験の浅かった私は、意見の交換というよりは、わたしから情報を報告していろいろな批評を同人から聞いたり、一般的なことにつき意見をきいたりしておりました。」

これは予審尋問調書に記載されてある尾崎の供述で、発言どおりの正確な記述かどうかはわからない。が、父親譲りの丸顔で、そのやわらかな風体が、西園寺によって、「おどけた狸」「人懐っこい眼」などと表現されている尾崎にたいして、一方のゾルゲは、面長で苦みばしっていて、鋭い眼光を放っている。まだ二〇代の新聞記者だった尾崎に、ゾルゲを畏敬し、教えを乞う意識があったのはまちがいないようだ。

ここでの「コンミュニスト」との表現が、はたして、たんなる「共産主義者」をさしているのか、それとも日本共産党、あるいはソ連や中国の共産党に、「党籍」があったことをさしているのか。それはいまとなっては、どうでもいいことかもしれないが、友人のひとりだった風間道太郎は、「尾崎はついに入党しなかった」(『尾崎秀実伝』)といい、大審院の弁護士をつとめた竹内金太郎は、「共産党加入」(「尾崎秀実の裁判の弁護に立ちて」『回想の尾崎秀実』所収)と二ヶ所にわたって書いている。

それはともかく、東条軍閥内閣は、敗戦を目前にして、なぜ尾崎をあわてふためいたかのように、縊り殺さなければならなかったのか。竹内はつぎのように、解釈している。

「当時我が邦の軍閥は機を覗って蘇連撃つ可しと為し、日本の国交も愈々険悪にして燭を提えて火薬に近くが如く、支那などは殆んど眼中に無き有様であった。茲に尾崎は之と正面衝突を敢行した。一方我が警察当局は此の頃共産主義の大弾圧を為し、最早や其の蘖子(ひこばえ)も無いだろうと思い込み居たる所に、輦轂の下(天皇のひざもと)に尾崎やゾルゲなど言う比較的共産党の大物が居ったので、脚下から禽（とり）が立った様に喫驚（きっきょう）した。軍閥の孺子（じゅし）小癪なり一捻りに捻り潰せと言う荒馬の様な鼻息と、司法警察の忿怒（ふんど）に奥歯をギリギリさせる疳癪とが二つ絡み合って、軍閥からは国防保安法、軍機保護法の違反、司法警察からは治安維持法の違反と言う種種掻き集めの材料を以って彼に対したものと思われる。」（前掲書）

治安維持法と特高組織によって、共産主義者は根こそぎ退治した、と政府は安心していた。ところが、こともあろうに、近衛内閣のブレーンのなかに大物が潜んでいた、との驚愕と憤怒が死刑の判決をださせ、しかも確定後七ヶ月にはやばやと執行させた、といえる。

三六項目にもわたる起訴事実の多さが、「売国的な犯罪事実」の決定的な証拠として成立しえない、数打ちゃ当たる式の「状況証拠」でしかないことを物語っている。

ゾルゲに協力する

上海で尾崎と親しくなったゾルゲは、三年後に来日し、翌年春、尾崎と奈良で再会した。このときのゾルゲの身分は、ドイツの新聞通信員だった。やがて彼は、ソ連共産党員でありながらも、厳格な資格審査を通過してナチス党員となることに成功し、駐日ドイツ大使館オットー武官の私設情報官として補佐役になった。

やがて、オットーが駐日大使に昇進するとともに、ゾルゲは正式の大使館員の身分ではなかったものの、その抜群の情勢分析力によって、大使館内で大きな影響力をもつようになった。モスクワからひそかにあたえられていたゾルゲの任務とは、満州事変以後の日本の対ソ政策の詳細を把握し、日本がソ連攻撃を計画しているかどうかについて、綿密な研究をおこなうことだった。尾崎が上海時代とおなじように、ゾルゲに協力することにしたのは、つぎのような理由からだった。

「確かに近年私は一方国際主義者たるとともに、日本民族主義者――我々に日本国家主義者と云うことが許され難いとすれば――に成り了せて居たのであります。私に就いてはこの両者は矛盾しないと考えられました。或いは少くとも矛盾しながらも私の中に長く両存して来たのであります。

近年の日本政治に対する私の中心の憤懣は、日本の政治指導者が世界の赴きつつある情勢にはっきりした認識を持たず、日本を駆って徒らに危険なる冒険政策に驀進せしめつつあるということでありました。満洲事変以来は軍部がひたすら政治的指導権を握らんとしつつあるものと考え、政治家は無能にしてこの状勢を制御する識見と能力を欠くものと難じたのであります。軍部の目指すところは対外政策に於ては独逸との緊密なる提携であり、その当然の帰結として、ソ連、又は英米との戦争を惹起せんとするものであると信じ、日本を駆って破局的世界戦争に投ずるものであると痛憤したのであります。

かくの如くして私の国際主義は新らしい現実的基礎を得たのであります。即ち、日本の現在の政策の帰結は悲しむべき破綻以外にはないであろう。しかしてこの破局から日本を新に立ち上らしめるものは、日本のプロレタリアートがソ連及び、支那のプロレタリアートとがっちり手を組むことであると、そのように考えたのでありました。」(「上申書」(一)、『尾崎秀実著作集』第四巻)

「上申書」の矛盾をどう考えるか

国境を越えた、プロレタリア階級の連帯による戦争の阻止。それが共産主義者たちの理想だった。尾崎はその後にもういちど「上申書」を発表している(その二通について、「度々訂正させられ……何処迄が真実で、何処からが不真実か十二分の考察を要する」と竹内金太郎は書いている)。どこまでが本心なのかわからない、「日本的立場」からの文章の矛盾を、どのように考えればいいのか、それについて、風間道太郎はこういう。

「それらの尾崎の評論および政治的活動は、共産主義者の考えつかないことであると同時に、共産主義に無縁な者には考えつかないことであったのだ。」(『尾崎秀実伝』)

国際主義と民族主義。共産主義の理想と現実政治。その矛盾を尾崎は一身に抱えていた。美食家でダンディで人間好き。監視と尾行と大量検挙の時代に、政府中枢にいた尾崎は、共産主義者とはみられていなかった。世の共産主義者のようには教条主義的ではない、時代を先取りした、柔軟な共産主義者だったといえる。

「上申書」のどこまでが、尾崎のホンネであり、どこから先が偽装なのか、それを判別するよりも、それらが丸ごと、極刑に死刑を設置している「国防保安法」のもとで、生命を賭けて、日本軍部のソ連にたいする攻撃開始を食い止めるための全活動だった、と考えれば理解しやすいのかもしれない。

「尾崎氏の著述は、どこまでも情報活動に従属し、その一手段にすぎなかったからである。なんといっても、氏は新聞記者、近衛ブレーン、満鉄高級嘱託としての限度内で著述している。情報活動に関係ありはしないか、共産主義運動と連絡がありはしないかなどと怪しまれるような表現は、もちろんとることはできない。」

とは、同時代を共産主義者として生き抜いてきた石堂清倫(きよとも)の、尾崎の「奴隷の言葉」にたいする理解である(『尾崎秀実著作集』月報1)。わたしが、鈴木東民(八章参照)の取材で生前の石堂にお会いしたとき、尾崎は小沢正元が編集していた『国際評論』の一室で、石堂や東民、小沢の前で、「ゾルゲを陸軍から押しつけられた」と語っていた、という。一九三四年五月か六月のことだった。尾崎は陸軍にまで食いこんで、情報を取得していた。石堂は尾崎の屈折、迂曲した苦辛の表現を分解し、再編成してみる必要性を訴えている。
哲学者の古在由重(こざいよししげ)は、尾崎の苦渋をこう書いている。

「「きみはこの(日中)戦争についていろいろ論じている。きみの本当の立場はよくわかっているよ。しかし、やむをえないにしても、ゆがめられたきみの文章を中国人自身はどんな気もちで読んでいるのかねえ?」すぐに尾崎の返事がはねかえってきた――「そこが痛いんだ」それを感じているならいい、とこころのなかでわたしはおもった。」(前掲月報)

尾崎の調査の手法

ゾルゲの協力者だった尾崎の最大の関心事は、日本の陸軍がソ連に踏みこむかどうか、もしもそうだとしたならば、それはいつか、ということだった。尾崎は自分の調査の手法について、つぎのように述べている。

「私の情報に対する態度は箇々の細(こま)かい情報を箇別的に漁るという態度ではなく、先ず何よりも自分自身の一定の見解を定め、全体の包括的な事実或は流れの方向を作りあげるのに箇々の情報を参考とするという態度を採りました。従って私とつきあった人々は私が情報を欲しがって漁っているという感じは、決して得られなかったことと確信して居ります。多くの場合、私には既に一定の見解なり情報らしきものが既に集積されていて、相手方は寧(むし)ろ私から情報なり、意見なり、見透しなりを聞かされているという感じを受けたことと思います。私の永い間の経験と勉強と、そして作り上げた交友網というものは、私に対する世間的信頼が高まると共に、私に判断力と、それの素材とを提供するに充分でありました。」(「第二六回検事訊問調書」『現代史資料　ゾルゲ事件』)

積み上げた知識と情報の基盤のうえに、必要な情報が一滴くわわると、たちまちにして稲妻のような「判断」に転化する。分析と総合との弁証法的な統一だが、それは学問的な方法にみえても、けっしてジャーナリズムと対立する方法ではない。

対ソ連戦をめぐる予測

一九四一年七月下旬から八月にかけて、陸軍は「関特演(かんとくえん)」(関東軍特別演習)と名づけ、満州とソ連の国境地帯に、およそ七〇万人の関東軍を集結させていた。尾崎は大連の満鉄本社でひらかれた会議に出席するかたわら、軍の動向を調査し、その結果、対ソ戦はないと判断した。

イタリアとともに、日本と軍事同盟を結んでいたドイツは、その二月前の六月下旬、突如、ソ連へ侵攻、レニングラード(現サンクト・ペテルブルク)攻略を図っていた。七月上旬の御前会議では、独ソ戦の推移が、「帝国ノタメ極メテ有利ニ進展セバ、武力ヲ行使」と決定していた。他力本願である。

しかし、肝心の独軍の戦果は、ソ連軍の抵抗を受けて日本の期待どおりにはならなかった。結局、軍部は四一年七月下旬、仏領インドシナ南部に進駐した。「北進」ではなく、もう一方の作戦である「南進」(南方進出)に傾斜して、たちまちにして英米などからの経済封鎖(ABCDライン)を喰らい、ついに、「英米戦ヲ辞セズ」との御前会議の決定どおり、南方資源の獲得で生き延びるための生き地獄の坂を転がり落ちることになる。

ゾルゲが独軍の「ソ連侵攻の日」を予測しえたのは、ドイツ大使館内での情報を把握していたからだが、その報告を受けながらも、スターリンはせっかくの情報を無視した(白井久也『未完のゾルゲ事件』)。ゾルゲは、日本の軍隊がソ連にむかわず南進するとの情報を、尾崎からも得ていた。

尾崎は西園寺と満鉄東京支社のレストランで会ったとき、「決まったらしいね」とひとこと投げかけてきた。西園寺は「やらないほうにね」と答え、尾崎は「そうらしいね」。それだけの会話だった(西園寺公一『過ぎ去りし、昭和』アイペックスプレス、一九九一年)。

二、三日前、満鉄支社で陸軍首脳会議があったことを、尾崎はつかんでいた。だから、「北進」は無理だ、との自己の判断を西園寺に確認したにすぎない。テーマはすでに煮つまっている。ひとことの情報ですべて氷解する。ジャーナリストがよくつかう手法である。

尾崎の温厚な人柄が、「交友網」と「素材」とを提供させ、「判断力」を形成させた。西園寺もゾルゲ事件に連座して、迷惑以上のものを蒙るのだが、それでも彼はたった四人だけの通夜の客だった。

尾崎が逮捕されたのは、一九四一年一〇月一五日の朝。上目黒の自宅を、東京地検検事の率いる、特高など数十名の警官が取り巻いていた。尾崎は背広に着替えて玄関にでるとき、後ろについていた妻の英子に、「楊子は、もういったのか」とひくく尋ねた。小学校六年の娘にみせたくなかったからだ。「さっき元気ででかけました」と英子は答えた。

「一時の方便のために書く」とは？

「検挙後目黒警察署の留置場内に居ること半月日々峻烈な取調べを受け、やがて十一月一日より西巣鴨の東京拘置所に送られましたが、当時の心境は寧ろ極めて平静でありました。「自己の信ずるところに従って行動し、今や一切は終った」というが如きものでありました。封建的な時代であれば反国家的政治犯として直ちに車裂きか獄門にかけられ、問題はそれで永久に終ったのでありましょう。

私も常々こうした簡単な形で自己の運命に終止符を打つことを心に描いて居たのであります。」(「上申書」(二)、『尾崎秀実著作集』第四巻)

戦後のベストセラーとなった『愛情はふる星のごとく』に収録された手紙は、処刑にむかうひとりの男の内面の記録であり、刑務所の外にいてやがて敗戦をむかえ、その後の混乱が予測される家族への励ましと生活指導であり、さらには、あたらしい時代に生きることになる娘に託した希望の書である。

これらの手紙には、死の瞬間まで、自己成長を遂げようとしている人間の努力が、時間の経過とともに刻まれていて、居ずまいをただささせる。このなかで、わたしの気になっているのは、つぎのような箇所である。

「僕はこの頃、文学の価値と生命とをしきりに考えています。私の中指には今も大きなペンだこが出来て居ります。あれ程数多く物を書き、相当苦心をしたものの、思えばそれは総て一時の方便であり、目的のために歪められたものであったことを、多少淋しさを感じます。自由に再び筆をとり得る時がいつの日にかあるならば、筆のために専心力をこめてみたいなどと、感慨めいたものを覚えることもあります。」(一九四二年八月二九日)

家族に詫び、励まし、安心させるため、三年にわたってこまごまと書きつづけられた手紙のなかでは、異色の部分である。自分の書いたものが「総て一時の方便であり、目的のために歪められたもの」というのは、偽装転向の書としての「上申書」だけを指してのことだけではなさそうだ。

尾崎は治安維持法のもとで、文筆や活動によって、うかつに逮捕されるわけにはいかなかった。社会主義の祖国・ソ連にむかう日本の攻撃を、ゾルゲとの共闘によって阻止するのを使命としていた。だからこそ表現が奴隷の言葉となっていた。その苦い想いを、家族への手紙をとおして、弁明しておきたかったのだと思う。知音の友としての松本愼一は、『愛情はふる星のごとく』の解説で、こう書いている。

「軍閥の戦争宣伝を粉砕し、国民に彼等の真の利益を守る途を指示し、大衆行動をもって戦争を防止することが、愛国者の常道的な進路であったろう。だがその途を歩んだ一切の進歩主義者、平和主義者が投獄せられ、全日本が軍閥官僚の専制の掌中に帰した後では、かかる進路を歩むことはできなかった。専制する軍閥官僚の支配体制そのものの内部に侵入し、これを内から突きくずすか、それとも巷に隠れ、反戦主義の影響を少しでも拡大することに満足して、時機の到来を待つか——途は二つしかなかった。積極的で勇敢で有能なものだけが、その前者を選ぶことができた。尾崎は実にその最大の一人だったのである。」

尾崎の「国賊」としての汚名を、戦後いちはやく、積極果敢の反戦活動として逆転させたかったあまりに、松本は獄中で抵抗したり、獄死したほかの共産主義者たちを軽視することになった。そのためか、この文章は初版本にだけ掲載されているのだが、松本たちの努力をもってしても、いまだ尾崎のゾルゲに従属した「スパイ」とするイメージは、打破されていない。

それこそが国家が、個人の名誉を剝奪する最大の刑罰としての「死刑」の効用といえるものであろう。尾崎とともに処刑されたゾルゲ以外にも、この事件は五人の獄死者をだした。有事立法としての「国防保安法」は、四年七ヶ月間だけ存在して、尾崎たち国家の枠を超えようとしたものの生命を奪い取った。

「大きく目を開いてこの時代を見よ」

大審院にむけた「上申書(二)」には、天皇制などについて、いまでは読むに耐えられないような迎合的な記述が多い。法廷戦術としての偽装転向の言葉と処刑を前にした獄中での内面の変化の表現とを峻別するのは困難なのだが、彼は戦後のあらたな出発にむけた尾崎流の「マルキシズム」を考えはじめていたのかもしれない。

その「転向」は松本慎一が尾崎の才能と生命を惜しむあまり、獄外から尾崎を強引に説得した結果、ともいわれている。松本は予想に反した死刑執行のあと、おのれの行為を痛哭している。

しかし、獄に囚えて「転向」を強要し、ついに従わせた政府が、それでもなおかつ処刑したのは、批判に価する。死刑を宣告したあと、高田正裁判長は、尾崎にむかって、「いのちをもって国民にわびよ」といい放なった。国家総ぐるみの憎悪の表現だった。

尾崎は、最終弁論のとき、つぎのように主張していた。

「私は大日本帝国にはそむいたけれど、日本民族にたいしては断じてそむかなかった。

この点は、くれぐれも諒承していただきたい。」

一九四四年一一月七日、ロシア革命記念日の朝。処刑場に引きだされる三〇分ほどまえ、尾崎は妻にあてた手紙を書きおえた。

「寒さも段々加わって来ます。今年は薪炭も一層不足で寒いことでしょう。僕も勇を鼓して更に寒気と戦うつもりでいます。」

これが絶筆になった。春まで、あと一歩だった。ペンが禁じられた時代に、ペンによってではなく、情報によって政治を動かそうとした。壮大な挫折だった。

死刑が確定したあと、尾崎は竹内弁護士にむけて、自分の死後、家族への伝言を依頼する手紙を書いた。家族への自分の手紙が、検閲などによって到着しないかもしれないと恐れたからだった。

「大きく眼を開いてこの時代を見よ……これこそわたしにたいする最大の供養である。」

死線を越えた眼差(まなざ)し、である。ジャーナリストは、斥候であり、報告者であり、アジテーターである。たとえ縊り殺されたにしても、視(み)つべきものは視なければならない。

八　不屈の〝弱者〟　鈴木東民

1895–1979
(提供・毎日新聞社)

鈴木東民略年譜

1895(明治28)	6月25日，岩手県唐丹村に生まれる
1910(　43)	仙台，東北中学校に転校
13(大正 2)	中学卒業．生家が大火で焼失
14(　3)	旧制二高入学，吉野作造から学費援助を受ける
20(　9)	25歳，東京帝大経済学部入学
23(　12)	卒業，大阪朝日新聞社入社
26(　15)	退社，日本電報通信社(電通)から派遣されてドイツ留学
29(昭和 4)	34歳，ゲルトルートと結婚 『伯林週報』を発行する
32(　7)	ナチスが第一党となる．
33(　8)	ベルリン国会議事堂放火事件
34(　9)	帰国．『ナチスの国を見る』刊行
35(　10)	40歳，読売新聞社入社．「ナチスの怪文書事件」(『改造』)
36(　11)	各誌に論文執筆．2.26事件，日独防共協定
38(　13)	国家総動員法発布．施行
44(　19)	「横浜事件」に関連して磯子署に召喚，起訴猶予となる．休職処分，郷里へ戻る
45(　20)	敗戦，復職．読売第1次争議始まる．解雇通告を受け，組合結成，委員長に
46(　21)	再び解雇通告，第2次争議
47(　22)	岩手県知事立候補，落選．農民組合を組織，組合長に
48(　23)	共産党入党，51年離党
49(　24)	『ディミトロフ』刊行．この頃，衆・参院選立候補，落選
55(　30)	60歳，釜石市長に当選
59(　34)	2期目も当選
62(　37)	『ふたつのベルリン』刊行
63(　38)	3期目，当選
66(　41)	『市長随想』刊行
67(　42)	4期目，大差で落選．市議選立候補，当選 『三陸新聞』を発行する
71(　46)	市議選，惨敗，釜石を去る
73(　48)	『ある町の公害物語』刊行
79(　54)	12月14日死去，84歳

生きながらにして葬り去られし

ひとりの人間の人生を、幸せであったのか、それとも不幸だったのか、などとあげつらうのは失礼なことかもしれない。それでも、鈴木東民ほどの人物が、いまなお正当に評価されていないのをみると、本人ならずともその不遇を慨嘆せざるをえない。

といっても、東民は達観していて、ひとの評価などどうでもいいではないか、というであろう。あるいは、だから日本はまだだめなんです、とひとごとのようにいうのかもしれない。

わたしは、彼の生涯について書いた評伝の結末を、つぎのようにむすんだ。

「無念の一生だったかもしれない。たしかに彼は、ペンを折られたジャーナリストであり、挫折した政治家だった。しかし、それは彼の非妥協性の証明だった。彼はジャーナリズムに発表するのとおなじ熱意で、手紙と日記を書きつづけていた。死ぬまでペンの力に期待していたのだった。」(『反骨 鈴木東民の生涯』)

鈴木東民は、一九七九年一二月、八四歳で他界した。その日の夕刊に、写真入りで死亡記事が掲載された。わたしはそれによって、はじめて彼がその日まで生存していたのを知らされた。新日鉄の合理化問題を取材するため、彼の出身地である釜石市に長期滞在していながら、彼について語る人物に出会うことがなかった。地元紙は「故人」としてあつかっていた。生きながらにして葬り去られていた、といってもさほど大袈裟ではない。

その三年ほど前の七六年四月、釜石市の川に鮭がもどってきた、とのニュースを東京の自宅できいて、彼は、姪に手紙を書き送った。

「公害阻止のため釜鉄とたたかい、ぼくは市長選に敗れて釜石を追われたが、ぼくの代わりにサケがやって来た。公害を阻止したおかげである。民主主義を招来するために、戦争に反対し、起訴され、職を奪われ、強制疎開させられ、餓死一歩手前まで追いつめられたぼくの一生は、弱者の一生だった。現在の社会では正義を守ろうとする者は強者にはなれない。」

わたしは、東民が世を去ったあと、また釜石へ出かけ、東民の足跡をたどるようになった。市長時代に、市の公報紙に発表していたエッセーは、達意の文章で気品があった。ベルリン滞在中にヒトラーの台頭を目撃し、それへの痛烈な批判をこめたルポルタージュには、なにごとも恐れないジャーナリスト精神がみなぎっていた。晩年、市長選に落選したあと発行していた個人紙『三陸新聞』は、公害発生源にたいする挑戦だった。

このような偉大なジャーナリストが忘れ去られていることに、わたしは強い憤りとともに、申し訳なさも感じるようになっていた。それが、『反骨　鈴木東民の生涯』を書いた理由だった。

吉野作造との出会い

戦闘的民主主義者、とのちに自他ともに許すようになる、鈴木東民の中学生時代に深い影響をあたえたのが、幸徳秋水の大逆事件だった。彼はこの弁護を買ってでた平出修（ひらいでしゅう）に深く傾倒して、二高（独法）にむかった。弁護士を目指したのだ。

が、大学にすすんで、学生時代に、創刊されたばかりの『帝大新聞』の編集に参加するようになって、ジャーナリスト志望に転換する。それでも、世論から孤立しながらも、政府のフレームアップにまっこうから対峙した平出修の姿は、東民の一生を規定した。

大学卒業後、大阪朝日新聞に入社した。京都支局に赴任する直前に発生したのが、関東大震災だった。東民は本郷の東大にでかけた。同郷の恩師である、吉野作造の見舞いにいくつもりだった。交番には「朝鮮人の暴動」などと流言飛語を書いたビラがれいれいしく張りだされていた。途中で出会う「町内会」のひとたちは、竹ヤリや日本刀を振りまわしていた。朝鮮人虐殺がはじまっていたのだ。

東民は吉野作造の研究室に駆けつけて、本棚の洋書を毛布につつんではこびだしたのだが、そのころ吉野は宮武外骨などと明治文化研究にこだわっていたので、「洋書よりも、日本の雑誌のほうが貴重だったのに」といわれてがっかりしている。吉野は東民の学生時代に、学費の心配をしてくれていた恩人だったし、その三年後、日本電報通信社（電通）からドイツに派遣されるときの推薦人でもあった。

大逆事件で幸徳秋水など一二人が処刑された一週間あと、徳冨蘆花が一高にでかけ、満場の学生にむかって、

「諸君、謀叛（むほん）を恐れてはならぬ。謀叛人を恐れてはならぬ。自ら謀叛人となるを恐れてはならぬ。新しいものは常に謀叛である。「身を殺して魂（たましい）を殺す能わざる者を恐るるなかれ」。肉体の死は何でもない。恐るべきは霊魂の死である。」（『謀叛論』）

と演説したのは、よく知られている。日本でも、言論に力のあった時代だった。東民の師である吉野作造は、東大経済学部の森戸辰男助教授が「クロポトキンの社会思想の研究」を発表して、「朝憲紊乱の罪」（禁錮三ヶ月）に問われたとき、決然として特別弁護人にたっている。

吉野が主張する「普通選挙」運動にたいして、幸徳や大杉榮などアナキストたちは反対していた。クロポトキンは、いわば彼らの理論的支柱だったが、吉野はこだわることなく、クロポトキンのアナルコ・サンジカリズム（アナーキズムの影響を受けた労働組合至上主義）を高く評価する「赤化教授」にたいする、政府の弾圧に激しく抗議した。これまた言論人というものであった。

国会議事堂放火事件

東民は、この大正デモクラシー創始者の直系の弟子だった。大逆事件のフレームアップや関東大震災のさなかに繰りひろげられた、朝鮮人や中国人、被差別部落民や社会主義者たちへの虐殺と暴力を凝視(みつめ)た視線が、ドイツに渡ったあと、ヒトラーの台頭と政権獲得にいたるプロセスに、仮借ない批判を加えさせることになる。鈴木東民の真骨頂を示した時代だった。

ドイツに派遣されたのは、朝日新聞の記者としてではなかった。日本電報通信社が創業二五周年事業として、各紙から優秀な記者を選んで欧米の新聞を研究させることにした。朝日新聞側は、もうすこしまてば、自社の費用で派遣させるといって止めた。それでも東民は、「辞めます」とあっさりいって退社、臨時の「電通」社員となった。

シベリア鉄道を経由して、ベルリンに到着したのは、一九二六年の夏だった。東民は一年ほどベルリン大学などで、新聞学の講義を受講していたのだが、むしろドイツの社会情勢の変化のほうに関心をふかめていた。電通との契約期間が切れても、彼は日本に帰ることなく、『帝大新聞』などに、ベルリンのルポルタージュを寄稿するようになる。

ヒトラーが政権を握ったのは、一九三三年一月末だった。その一ヶ月後に発生したのが、ベルリンの国会議事堂放火事件である。オランダ共産党の党員証をもっていたルッベという男が逮捕され、その自供から党幹部や左翼文化人など四千人が逮捕された。

この放火事件は、戦後になって、ナチスの自作自演、フレームアップとして歴史的に決着がついた。しかし、当時は、市民たちはヒトラー政権に反対する共産党の仕業だと信じこんでいた。一週間後に選挙がせまっていた。この事件によって、それまで国会に躍進していた共産党は大敗し、やがて非合法化され、労働組合も禁止された。

ベルリンからの寄稿

東民は事件の翌日から、各種の新聞を分析して、猛然と書きはじめた。まず四〇〇字で四〇枚以上の原稿を日本に送った。内務省発表を記事にした、ナチスの機関紙『アングリッフ』を引用しながら、東民はつぎのように書いている。

「もし「アングリッフ」の書いていることが事実とすると、トルグラア、ケーネン、ルッペの三人で火をつけたことになるのであるが、そうすると当局の見込みと相違して来る。内務省当局は火は二、三十カ所から出ており、これは点火するにはどう見ても三十人近くの人手を要するはずだと言っていることは既に前に記した通りである。然るに他の共産党員等の出て行った後の異常のなかったことは、前の守衛が証明しているのだから、犯人はどうしてもこの三人ということになる。トルグラア以下は八面六臂の働きをして、三人で三十人近くの仕事をしたというわけだ。彼等は火索をつけた石油瓶を小脇にかかえ、ボロ布や綿屑をひっつかんで、大勢の守衛の目をぬすみつつ、運動会の余興の提灯競争の選手みたいに、議院内三十余ヵ所をかけまわって、火をつけたということになる。さぞ忙しかったことであろう。それにしても三人の連れ立っているところをさえ見つけるほど目の敏(さと)いこの守衛が、何故もう十五分早く、この三人が火をつけにとびまわっている現場を見つけてくれなかったか。かえすがえすも遺憾のきわみではないか。」(『ナチスの国を見る』)

放火犯人として、自供したルッベの行動については、こう批判している。

「最後に我々の解(げ)し難いのは放火犯人ルッベの振舞いである。彼はその着物をすっかり脱いで、これを放火の材料にした。そして半ズボンひとつつけただけの素っ裸で議院からとび出して来た。内務省のコミュニケによれば、放火に必要な材料は、かなり豊富に持ちこまれていたもののようだが、何を苦しんでルッベはその着物をまで火中に投じなければならなかったのだろうか。警戒厳重な火事場をくぐって逃げなければならぬ身が、人の目につき易いようにわざわざ素っ裸になって街路に飛び出して来るなどはまことにもって常識では判断のできないことだ。これではまるで、俺こそは放火犯人だ、早くつかまえてくれと広告しているようなものだ。

しかもこの男はどこにどうして蔵(しま)っていたものかは知らないが、衣類を全部火中に投じたくせに、オランダ共産党の党員証だけは後生大事に持っていたということだ。こうなるとますますこの男の気持ちがわからなくなる。火つけという大それた犯行をやろうというものが、党員証を懐にして、潜入するということからして既に常識はずれであるのに、衣類を脱ぎ棄てた後までも党員証を握りしめていたなどはお話しにも何にもならない、間抜けの沙汰ではないか。」

たったひとりの挑戦

新聞が書き立てる「共産主義者の陰謀」にたいして、東民はたったひとりで敢然とたちむかった。放火事件の裁判の傍聴記事やナチス突撃隊の暴行など臨場感にあふれる、同時進行のルポルタージュを書き送っていた。これらはいま読んでもスリリングで、歴史の記録としてもすぐれている。

「一九三三年の四月一日は、満々たる殺気を含む気味悪い静けさに明けた。

床をぬけると私は寝巻のままで、すぐ窓際に立った。私は窓を開けずに、鎧戸の窓から街路を見下ろした。今日は日曜でもないのに、街路はひっそりと静まり返って、人通りも少ない。ただ私たちの住んでいる家の最下層にあるナチス・ロカアル(ナチスの集合所)となっている酒場だけは、大勢の人が集まっている気配がして、制服の突撃隊員や襟にナチス党の紋章をつけた連中が、忙しそうに出たり入ったりしているのが見える。

九時頃になると、大きな厚紙のビラを首から吊した男たちが、このナチス・ロカアルから、ぞろぞろと出て来た。そして二、三人ずつ一塊りとなって四方に散って行った。首から吊した厚紙には、「ユダヤ人ボイコット」と大きく書いてあり、その下に、「ユダヤ人の店から物を買うな。ユダヤ人は君たちの敵だ」という文句が記されてある。今日の午前十時を期して、ヒトラアのドイツでは、全国的にユダヤ人に対するボイコットが行われるのだ。」(「血ぬられた四月一日」)

主婦たちに評判のよかった移動販売車は、ユダヤ人が経営している、というだけで突撃隊に追い払われる。五〇歳前後の男が突撃隊に捕まって、殴り倒される。そのまわりで女の子が泣きさけぶ。やがて大量虐殺にむかう街の情景が、活写されている。

その一ヶ月後の五月一〇日、ヒトラーは焚書を指示する。ナチス支持の学生たちが行進し、つぎつぎに本を火にくべる異様な情景が、写真とあわせて『帝大新聞』(一九三三年一一月四日)に掲載されている。ただ、当時は船便だったから半年もあとになってからだった。

「ベルリンはウンタア・デン・リンデンの大通りを、炬火(たいまつ)をふりかざした数千の学生の行列が練ってゆく。行列の先頭にはナチス突撃隊の楽隊が太鼓をたたき、学生はナチスの闘争歌をうたっている。槍のさきに刺しつらぬかれたマグヌス・ヒルシュフェルド教授の胸像は炬火の光に凄くてらされて、槍の穂先からは血潮がしたたるかとうたがわれる。」

電通との契約はとっくに切れていた。東民はどこの組織にも属することのないフリーライターだった。ナチス台頭のベルリンで、第一線にいた国際ジャーナリストだった。

「鼻の下にあやまって鍋炭をつけたかと疑われるあの黒点が、伸びたり縮んだり、膨れたり、とんがったりする光景を眺めていたら、如何に荘厳ないしは、悲憤の演説をきかされるときでも、爆笑を禁じ得るものではありません」と東民はチョビ髭をからかったりして、痛烈なヒトラー批判を書いていた。

ベルリンからの退去

日本も国際連盟を脱退して、ナチス・ドイツに接近していたから、さほど日本からの注文があるというものではなかった。だから、東民は『伯林週報』と題する謄写印刷の個人情報紙を発行したりして、苦しい生活をつづけていた。その新聞には、「電通」による日本政局の情報にまじって、東民の「英雄身辺多事」などのヒトラー批判やドイツ製鉄業の分析などが掲載されている。

彼は、急速にファッショ化していくドイツにいて、その行く末を見定めるつもりだった。ところが、ドイツで結婚していた妻のゲルトルートが、はやく日本へ脱出したがっていた。ベルリンで生まれた娘のマリオンは、四歳半になっていた。

「ヤップス、なにをウロウロしているんだ。日本に帰れ。」

そのころになると、日本人はドイツ人から面とむかって罵倒されていた。有色人種として排斥の対象にされるようになったのだ。独裁者はひとりではなく、なん百人、なん千人といるんだ、というのが東民の感慨だった。政権を獲ったあと、ヒトラーは補助警察をつくってピストルをあたえた。突撃隊ばかりか、それらの連中も勝手にひとを殺していた。

ベルリンを退去させられた外国人記者は、一一〇人ほどだった。東民もそのリストのなかにはいっていた。が、彼の場合は「追放令」による退去ではなく、そのすこし前、不安を昂じさせていた、ゲルトルートの切望に従ってだった。

歴史参加への使命感

日本にむかう客船のタラップを踏んだのは、一九三四年三月だった。ナポリから神戸まで三三日かかった。七年七ヶ月にわたるベルリン暮らしだった。いままで書き送っていた文章を一冊にまとめたのが、『ナチスの国を見る』である。

同時代のヒトラー批判としては、外国人ジャーナリストのなかでももっともはやい。よく知られている、『シカゴ・トリビューン』の特派員だったウィリアム・シャイラーの『ベルリン日記』は、四一年、浩瀚（こうかん）な『第三帝国の興亡』は、六〇年になってからの刊行である。

帰国した東民は、さっそく、『帝大新聞』『文藝春秋』『改造』などに、ナチス批判の記事を発表している。これらの論文のなかで、彼はウクライナやフランスにむかおうとしているナチスの侵略主義を暴露したり、反ユダヤ法としての「ニュルンベルク法」が成立する一年前、すでにユダヤ人撲滅の構想があったことなどに言及している。

ドイツ内務省の種族研究委員長のゲールケ博士にインタビューしたとき、「ローマの滅亡は、異民族との混血の結果である。ナチスがユダヤ人との混血を禁ずるのは、ユダヤ人に糖尿病患者が多いからである」と語った、という。

日本人がドイツを崇拝し、好意をもっていたにしても、ドイツでは「ヤップ」と侮辱され、「黄禍論（ゲルベ・ゲファアル）」が強まっている、との警告だった。これらの記事は、ジャーナリストとして歴史を記録するばかりではなく、歴史に参加するとの使命感によるものだった。

まもなく、日本は「日独防共協定」(一九三六年)を結んで、戦時体制にはいるのだが、東民は日本のナチス・ドイツへの接近を牽制し、反ファシズム統一戦線の結成を目指していた。

「ファッシストにとって必要なものは「卑俗への勇気（ムートツール・パナリテート）」だけである。民衆の無智と蒙昧とにアピールするように一切の問題を少しの批判も、少しの脈絡もなく、卑俗に表現するだけの勇気がなければファッシストにはなれない。……彼等のよく用いる標語に「プロイセンはプロイセン的であれ！」などというのがあるが、これなどは凡（およ）そ意味のない文句である。しかし、彼等に言わせるとプロイセンの民衆を引っ張ってゆくにはこれで充分なのである。」（「ナチスの怪文書事件」『改造』一九三五年四月号）

民衆の耳にはいりやすいことだけをいう、自分の言説に責任をとらない。そんな政治家が最近になって多くなり、「卑俗への勇気」が流行ってきた。それでもまだ、当時のように、「日本は日本的であれ」というまでには至っていない。おなじ歴史を繰り返すのは、愚かというものである。

読売新聞入社

追放同然、日本に帰ってきた東民は、四〇歳になって、思いがけなくも、読売新聞社の外報部次長として招聘された。このとき、読売新聞には、ドイツ通の記者が必要とされていた。翌年には論説委員兼務となった。

「鈴木は極端な反ナチ主義者で、日華事変（日中戦争――引用者注）以来、反ナチ思想を文書や講演で宣伝したため、憲兵隊およびドイツ大使館から本社に対し数回にわたって退社させるよう所望してきた。殊(こと)に、オットー・ドイツ大使自らが正力社長に対して鈴木の退社を要求してきたほどであった。」（『読売新聞八十年史』）

警視庁にいて警備警察に辣腕を振るい、ヒトラーを尊敬していたとはいえ、正力松太郎はなかなか太っ腹で、軍部とドイツの圧力に屈しなかった。

東民は憲兵隊と特高の尾行につけ狙われ、さらにはドイツ大使館からの買収工作にさらされたりしても、平然として、「揺ぐナチス兵団、国防軍に見はなされ、ヒ総統護身の大芝居」など、ヒトラー批判の記事を掲載(『読売新聞』一九三七年四月一六日)していた。前年の一一月には「日独防共協定」が調印されていたから、陸軍の忌諱に触れた。

さっそく、参謀本部に呼びつけられている。

一九三八年、国家総動員法成立。その前すでに、友人の経済学者の有沢広巳、美濃部亮吉などが治安維持法違反で逮捕されていた。「極端な反ナチ主義者」の東民が逮捕されなかったのは、本人が戦後になって述懐していたように、大新聞社の編集幹部だったからだ。

四四年七月末、「重光外交の三原則」と題した社説では、中国の重慶政権(蔣介石)とではなく、延安政権(毛沢東)と手を結び、日ソ中と連携する外交交渉によって、米英との戦争に勝利せよ、という大胆きわまりない主張が展開されていた。その内実は、外交努力による戦争の平和的解決のすすめである。東民が書いたものだった。

無事にすむわけがなかった。

九月下旬になって、東民は横浜の磯子署に召喚された。くだんの社説は、警察に強い社の上層部が動いて不問にされていた。が、しかし、こんどは「横浜事件」に連座させられての取り調べだった。

横浜事件は、経済学者の細川嘉六が、富山県の温泉に親しい編集者を招いて、『植民史』出版の打ち上げをやったのを、「日本共産党再建準備会」としてデッチあげられたものである。六二人が逮捕され、四人が獄死した言論・出版弾圧の大事件だった。編集者から逮捕者をだした、『改造』『中央公論』は廃刊にされた。

東民も起訴されるはずだった。が、辛うじて起訴猶予とされた。社の上層部があいだにはいって、本人の執筆停止、東京退去で話し合いがついた。流刑囚のような生活がはじまった。

移住したのは、四四年一一月。岩手県の山村、湯田村だった。そこに医者の北民(弟)の分院があったからだ。しかし、残念なことに、この間に、弾圧対策として、さまざまな草稿や新聞雑誌の切り抜きが処分された。

村では、青い目の妻は、「毛唐の女房」と蔑(さげす)まれ、マリオンは「アイノコ」と侮蔑されていた。ゲルトルートはドイツ人で、ドイツは日本と軍事同盟国のはずだった。が、ドイツでは黄色人種の日本人は差別され、日本では「毛唐」や「ガイジン」はスパイあつかいだった。

読売争議

戦争は敗戦に終わった。東民は読売新聞に復職した。正力社長がそれを承諾した。そのあと、労働組合が組織され、東民が委員長に担がれた。彼は戦争中に、戦争協力に手を汚していなかったからだ。編集局長も東民だった。正力社長は追放され、読売新聞は、もっとも民主的な新聞として、戦後のスタートを切った。

戦後史を飾った「読売争議」で、鈴木東民は輝ける委員長として脚光を浴びた。長身痩軀、日本人離れしたマスクで、演説する姿は颯爽としていた。戦後の新生日本を象徴する人物でもあった。

が、大争議は二度におよんだ。一度目は正力社長を戦犯容疑者として追放したのだが、二度目はマッカーサーの弾圧によって組合側が敗退、東民は五人の幹部とともに解雇された。そのあと、彼は故郷の釜石に帰って、農民闘争を指導したり、国会議員選挙に立候補しては落選つづき、一九五五年、市長選に出馬して、ようやく当選した。六〇歳になっていた。

ミニコミ紙の発行

三期務めた市長時代には、釜石製鉄所(現在の新日本製鉄所)の公害を規制し、辺地の分校を整備したり、教育施設を充実させた。しかし、四期目となって、ついに製鉄所労組出身の対立候補の労使一体となった選挙に敗退する。そのあと、だれも予想しなかったことだったが、こんどは市議選挙にうってでて、トップ当選をはたした。

「わたしは新聞記者であった。それを自分の生涯の仕事と信じていた。戦争が始まった。わたしのペンは権力のために折られました。

戦争の始まる前、わたしはドイツにいた。その国の哀れな国民は、ヒトラァの魔法にかかっていた。ヒトラァが魔法つかいであることを、率直に書いたため、わたしはドイツを追われました。

わたしは権力の前に、ペンを曲げはしなかった。しかし折られた。折られてしまっては、曲げなかったことなど、何の誇りになるだろう？　わたしはわたしのペンを折ったものへの、復讐を思った。そして政治活動に身を投じました。

しかし政党の内幕を知ったとき、政治活動にいや気がさしました。ばくちうちの社会に似ているからです。

ものにもならぬことを、書いたり、論じたりしても始まらない。一筋の道路、一本の橋でもよい、何か公共のためになることをやって死にたい。」（『市長随想』）

それが市長選に出るようになった経過である。「ものにもならぬことを、書いたり、論じたりしても始まらない」。それがどこまで東民の真意をあらわしているのかはわからない。しか

三陸新聞

釜石の解放地回収に
動き出した三井農林
解放指導した鈴木氏を
邪魔もの扱いする栗沢市長

全面積の63%が
三井財閥の手に
薪炭採草に悩む農民

農地改革を機に
全村民立つ
ついに解放に成功

解放地域の
回収ねらう三井
手先となった村長

鈴木氏
市長選立つ
三井の陰謀
打破をめざし

『三陸新聞』, 1969年11月24日号

し、えてして物書きはそのような絶望にとらえられがちだ。まして、さいきんのように、政権党による攻撃が強まり、野党が頼りなくなって、戦後以来の民主主義運動の成果が、どんどん後退しているのをみると、いったい自分はなにを書いてきたのだろう、と東民ならずとも思わされたりする。

政治的実践に敗退したあと、東民が依拠するようになったのは、やはり文筆だった。

この「大物市議」は、B4判、二ページの個人紙『三陸新聞』を発行して、猛然と企業寄りの市政を批判するようになる。大新聞の編集局長だった人物による、ミニコミ紙発行である。東民はやはりペンの力を信じていた。

七一年、二期目の市議選は、最下位で落選。同郷の歌人、石川啄木のように、石もて追われるごとく、東民は故郷を去った。七九年暮れ、東京の病院でその不屈の生涯を閉じた。八四歳だった。

非妥協的ジャーナリストとして

わたしが東民の取材をはじめたのは、八〇年三月、彼の故郷である釜石市唐丹での葬儀をきっかけとしてである。ゲルトルート夫人(九九年一二月、アメリカ・モントレイ市で死亡)、ひとり娘のマリオン(当時オーストラリア在住、現在はメキシコ)にお会いするようになるのだが、東民とわたしは、じつはその五年前に会っていたのだった。

というのも、それは雑誌の目次上のことで、七五年五月の『エコノミスト』増刊号に、東民は「企業城下町に何が起きているか」と題して、釜鉄の地域支配について書き、わたしは「大企業労組の運動を問う」を書いている。東民は八〇歳、わたしは三六歳だった。

そのころ、自宅にでもたずねていればよかった、というのが、わたしの痛恨事である。

鈴木東民は、非妥協的なジャーナリストだった。ヒトラー、日本軍部、マッカーサー、正力松太郎、大製鉄所、そのゆくところにたちあらわれる権力に屈することなく、歯がみしながらも反権力そのものとして昂然としていた。その一生が恵まれていたのか、それとも不遇だったのかは、本人に聞いてみなければわからない。

ただ、いまなお、彼のスケールの大きさを理解するものすくなく、正当に評価されていないのが、残念である。彼はいつも敗者だった。が、それはなんの組織に属することなく、あまりにも反骨だったから、としたならば、それもまた勲章の一種かもしれない。

九　北の地にたいまつを掲げて　むのたけじ

1915–

むのたけじ略年譜

1915(大正 4)	1月2日，秋田県に生まれる．本名武野武治
21(　　10)	仙北郡六郷町小学校入学
27(昭和 2)	秋田県立横手中学校入学(石坂洋次郎が国語教師だった)
32(　　7)	東京外国語大学スペイン語科入学
36(　　11)	21歳，卒業，報知新聞社入社
38(　　13)	秋田支局勤務の23歳，細谷美江と結婚
40(　　15)	朝日新聞社入社
42(　　17)	ジャカルタ支局に転勤，10ヶ月勤務する
45(　　20)	30歳，敗戦の日に朝日新聞社退社
46(　　21)	名古屋に移り『中京新聞』の創刊に携わる
47(　　22)	2・1ゼネスト，前夜に中止に
48(　　23)	秋田県横手市で週刊新聞『たいまつ』を創刊
52(　　27)	農民たちと共に反戦組織「平和の戦列」を結成
63(　　38)	『たいまつ16年』刊行
64(　　39)	『雪と足と』刊行
65(　　40)	『踏まれ石の返書』刊行
66(　　41)	『ボロと旗として』刊行
67(　　42)	『詞集たいまつ』刊行
68(　　43)	『1968年――歩みだすための素材』(対談)刊行
73(　　48)	日本文化界訪華団の副団長として訪中，各界人と対話
78(　　53)	63歳，『たいまつ』第780号で休刊
79(　　54)	欧米などの実情を見る旅を開始
82(　　57)	眼底出血で手術，外国旅行を断念
2000(平成12)	全国各地での講演が3000回をこえた
02(　　14)	87歳，胃がんで手術．『詞集たいまつIV』刊行

敗戦の日に新聞社を去る

むのたけじ(武野武治)が、敗戦のその日、一九四五年八月一五日、朝日新聞社に背をむけるようにしてたち去ったのは、戦争に協力した新聞社の記者として、おのれの戦争責任を潔しとしなかったからだ、と世間では受け止められている。

しかし、本人自身は、つぎのように書いている。

「戦争協力についての反省または懺悔のような気持にしても、それがないわけではなかったが、しかしそんな抹香くさい気持から退社したのではなかった。ぼくは、むしろ、戦争のあんなやめ方に強く反発した。あれじゃ戦争の原因となったものは少しも解決されないから、死んだ人たちは浮かばれないし、また戦争がはじまるだろう、いや、第二次大戦の終わった日が第三次大戦のはじまりだ、そして日本の新聞はやがてまた同じように戦争協力の記事を書くことになるだろう――と社会部の集会でしゃべった。だから同僚のある人は、ぼくを戦争継続論者だと見た。」(『たいまつ十六年』)

無条件降伏だった。といっても「国体(天皇制)護持」はひそかに認められていた。民衆の行動によって、たとえば、ストライキや蜂起によって、軍部に戦争の継続を断念させたり、天皇の責任を追及したり、内閣を打倒したりして戦争を終わらせたのではなかった。外圧に屈し、敗戦を告げる天の声が、ラジオによって全国に配給されただけで、ピタリと戦争をやめて一億総懺悔する。その転換の器用さが、その後の民主化運動の不徹底と現在にいたる政治家と官僚の退廃を準備したのかもしれない。むのは、その不徹底さに反発して行動に駆りたてられる想いだったのだ。しかし、そのときの発言、

「日本の新聞はやがてまたおなじように戦争協力の記事を書くことになるだろう。」

むのたけじの五七年前の「予言」が、ますます現実味をおびてきたことを、残念ながらわたしたちはいまみとめざるをえない。

「社屋をからっぽにせよ」

宮中防空壕内でひらかれた御前会議で、ポツダム宣言の受諾が決定されたのは、八月一〇日午前二時半だった。朝日新聞東京本社の社会部にいたむの記者が、政府がポツダム宣言を受諾することを知ったのは、その二日後、一二日の昼ごろだった。

「これから新聞社としてどうするのか」と社会部の記者たちで話しあっていたとき、むのを痛憤させたのは、国民不在のままに戦争が開始され、国民不在のままに戦争が終了させられたことだった。そのふたつの「事後報告」のあいだに、三百万の国民が死亡し、アジアで二千万

人ものひとたちが殺された。

むのは、つぎのように発言した、という。

「ぼくの言ったのは、社員はみなやめて活字と印刷機だけ残して社屋をからっぽにせよ、という意見であった。個々の記者としても新聞社全体としても戦争の遂行に手助けした、かりにそれは本意でなく消極的に協力しただけというものがあっても、日の丸のかわりに星条旗を屋上に掲げるだけでは中味をかえたことにならない。さいわい社内設備の大半は減価償却をおえてタダ同然になっているというから、進んでそれを国民の前に提供し、新時代の新聞人として自他ともに認められる人たちだけがからっぽの社屋にはいって、あたらしい新聞をつくるべきだ、というのがぼくの主張であった。部員の一人は、ぼくの考え方に賛成し、一人は、その気持がわからないわけでないが妻子を養っていかなければいけないから退社する気はないと言い、ほかの人たちはだまっていた……」(前掲書)

あたらしい時代のためのあたらしい新聞、その出現のためにわれわれは道をあけよう、という趣旨だった。が、たちどころに、「生活をどうするのか」との声があがってくる。といって、むのにも辞めたあとのアテがあったわけではない。しかし、このときの出処進退のみごとさが、その後のむのの歯切れのいい言説を生みだしている。

新聞社の自己批判

新聞の戦争責任をどうするのか。それについて、村山長挙(ながたか)社長をはじめとする全取締役が退陣したあと、暫定的に重役になっていた野村秀雄は、こう語っている。

「自分は終戦と同時に朝日新聞社として戦争の責任を明確化せねばならないと思った。この際は潔く廃刊するのが戦争責任上最善の道といい得るかも知れぬが、わが社のように信用あり権威ありさらにその資力、設備、人材の優越している新聞を廃刊することは日本再建のために何としても惜しまれる、むしろ更生の意気をもって日本文化の昂揚に尽すべきである。殊に六千人のわが社従業員を路頭に迷わすことはできない、ここにわれわれ三名の苦心があったが、従業員諸君はわが社が重大局面に対処していることをよく認識して協力してくれたことは、われわれが今なお感謝しているところである。」(『朝日新聞七十年小史』)

廃刊ではなく、「更生」、となった(この談話は、『朝日新聞の九十年』、一九九四年に刊行された『朝日新聞社史』昭和戦後編などには再録されていない)。ここでいわれている「三名」とは、翌一九四六年に新役員が選出されるまで、重役会をひきついでいた野村など三名のことである。

四五年一一月、朝日新聞は、「あくまでも国民の機関たること」を宣言(「国民と共に立たん」)し、民主主義の確立を目指すことになる。が、森恭三が起草したこの文章は、「日本が被害を与えた相手の国民へ謝罪する言葉が欠けている」(『朝日新聞労働組合史』)との批判をまつまでもなく、自己剔抉(てっけつ)の精神が弱すぎる。

会社幹部の自己批判としては、戦時中の編集局長だった美土路昌一(みどろますいち)の「回顧談」(一九七〇年一〇月二日)がより深刻である。

「顧みて自分の在職中約四十年の最後の十年間は、実にこれらの桎梏(しっこく)と業火の苦しみの両面であった。今になって往時を振り返ってみると、元より軍ファッショの国を誤ったことを痛嘆久しうするが、この非常の時に、全新聞記者が平時に於て大声叱呼した言論自由の烽火を、最も大切な時に自ら放棄して恥じず、益々彼等を誤らしめたその無気力、生きんが為めの売節の罪を見逃してはならぬ、そしてその群の中に自らも首脳部の一人としてありながら、死支度も白装束も役に立たず、唯碌々(ただただ)としてその間何の働きも出来ず、今徒らに軍の横暴のみを責めている自分に対し、深く反省し自責の念に堪えないのである。言論死して国遂に亡ぶ、死を賭しても堅持すべきは言論の自由である。」(『朝日新聞社史』大正・昭和戦前編)

美土路は『明治大正史1　言論編』(朝日新聞社、一九三〇年)で、明治以降の言論弾圧の歴史をまとめていただけに、軍部に屈服せざるをえなかったおのれの無様さに歯がみしていたのであろう。彼は同僚だった尾崎秀実の想像を絶する反戦活動を、どのように評価していたのであろうか。

『中京新聞』での苦闘

一方、それでなくとも、食うだけでも精一杯だった敗戦直後の生活難の時代に、あっさり勤め口を投げだし、二児を抱えた浪人暮しとなっていたむのは、翌年、朝日新聞の先輩に懇請されて名古屋に単身赴任した。ここで準備されていた、あたらしい新聞の創刊を手伝うためだった。

わたしは、『たいまつ十六年』を読んではじめて知らされたのだが、名古屋には連合国軍として、米軍以外に中国軍も進駐してくる計画があって、すでにふたつの建物が確保されていた、という。そこには文化工作隊もふくまれていて、中日両国民の理解促進が図られるというので、むのは期待していた。

中国特派員でもあった彼は、日本軍に破壊された中国が、その補償を要求してきたなら、苦力(クーリー)をしてでも復興に協力しよう、と真面目に考えていたほどだった。むのの自己批判は、読者としての日本の民衆ばかりか、侵略先の中国人民をも視野にいれたものだった。

しかし、中国は賠償を要求せず、天津に集結していた日本派遣部隊は、蔣介石によって国共内戦に投入されて来日しなかった。新興の『中京新聞』は苦闘つづきだった。

敗戦直後、四歳の長女を疫痢で死なせたむのが、故郷の秋田の横手駅に降りたったのは、一九四八年の元旦だった。妻と九歳の長男、三歳の次女、生後五五日の三女がいた。

むのが自力で新聞を発行しようと決意したのは、二・一スト(一九四七年)決行の前夜、MPにとりかこまれた闘争委員長が、泣きながら中止を訴えたNHKのラジオ放送をきいてからである。運動のピークからどんでん返し、あっけなくどん底へ転落したこの不発のゼネストほど、日本の大衆運動の上げ底を示した例はない。

むのはその底辺から、故郷の地から運動をつくりなおそうと決断した。

『たいまつ』創刊

「題号は「たいまつ」ときまった。世の中は、くらいくらい世の中である、と思われたから。もるべき主な内容は、主張(新聞社側と読者側の)と解説であった。主張をとり戻すことは、日本にとっても新聞にとっても、何より大切だと思われたから。そしてまた、たとえば大きな国際的事件でも自分らの身辺の小さな事柄とどうつながっているか、いないか、自分らの中の小さいと見える出来事がどんな時代的意義をもち、国全体あるいは世界全体の問題とどうつながっているか、いないか、こうした吟味が必要であると思われたか

『たいまつ』，終刊の頃．いちばん右が 780 号

ら。」(『たいまつ十六年』)

四八年二月、横手町(当時)で創刊されたB4判週刊紙『たいまつ』は、大新聞にいた記者がミニコミに依拠して言論活動をおこなう、先駆的な活動となった。その前に、宮武外骨や桐生悠々の個人紙誌、あるいは正木ひろしの『近きより』がある。

しかし、七八年一月までの三〇年にわたって、七八〇号を独力で発行しつづけたのは、『たいまつ』だけだった。その後、読売新聞(大阪本社)を退社した黒田清が死亡の日まで『窓友新聞』を発行した。いまなおつづけられているのに、大分県中津市に住む松下竜一の『草の根通信』がある。

『たいまつ』の創刊号に、むのは「沈黙よ、沈黙よ！　沈黙の中に爆発しなければ、沈黙の中に滅亡するのみ」との魯迅（ろじん）の一句を書きつけた。沈黙に点火する導火線を設置しよう、としていたのであろう。

魯迅に傾倒していたむのは、よく知られている「絶望の虚妄なることは、まさに希望と相同じい」を反芻しつつ、それを敷衍して書いている。

「希望の根は絶望の深さに沿うて張る。希望を希望するなら、絶望に絶望せよ。絶望が本当なら、希望も本当だ。」

帰郷したむのが『たいまつ』を発行したのは、三三歳のときである。理論社から発行された『たいまつ十六年』（一九六四年）の口絵は、木造の市営住宅の玄関の土間での大組み作業や居間の壁を占拠している活字棚の写真で飾られていて、家内工業的な新聞発行だったことを偲ばせる。夫婦で版下をつくり、発送は子どもたちが手伝った。

以下に書きつけられている絶望は、横手に着いたばかりのころ、借家もみつけられないまま第四号まで発行し、相棒の復員兵と家族が新聞の束を抱えて雪道を売り歩いていたときのことである。せっかくの希望の新聞にも、さっぱり反響がなかった。

「三三歳の某日、私は自己抹殺を決意して、鉄道線路のわきにうずくまっていた。そこから私をひきもどしたものは何であったろうか。その場所の近くで、私は少年期に轢死直後の男を見た。はなればなれになった首、胴、手足が血をふきながらまだぴくぴく動いているような光景は少年の目に恐怖も嫌悪もそそらないで、不思議と美しいものに見えた。少年期に見たその光景を、汽車を待っているあいだの私は思い出さなかった。もう何ごとも思い出してはいなかった。胸に手をあててじいっとしていて、やがて汽車がやってくるとそれをやりすごして、それから大声で「ばかやろう－」と怒鳴っただけであった。その数分間を接合したものが何であったかは、いまもってわからない。が、一つだけ鮮明な知覚があった。意志は何を喪失しようとも、肉体は最後の最後まで動きつづけているという体感だった。三三歳以後には、それ以前よりずっと行きづまった状況に追いこまれたことが何度もあった。しかし私はもう逃げようとしなかった。やってきたものから逃げないで、それに組みついていって、懸命にもがいた。もがいていると、組みついた私が変わっていき、私に組みつかれたものも少しずつ変わっていくのであった。私はこう考えるようになった。——人間は生きていく力を全く失ったら自殺しない。しようにも、できやしない。自殺を考えるのは、生きる力がまだ十分に残っている証拠である。失意は発条(ばね)である、と。」(『詞集たいまつ 1』)

『たいまつ』は、東北の片隅で発行されていた、片々たるミニコミにすぎない。が、気宇は壮大で、全世界にむかってひとり対峙している趣（おもむき）がある。地域の問題の報道と論評ばかりではない。日本の政治から世界情勢にたいして、まっすぐに刺し通す視線が特徴である。

たいがい毎号掲載されている、むのの執筆とおもわれる「随想録」が、ジャンルを問わない時評である。それに、現地の取材レポートや地方在住者の報告や生活記録、全国の読者からの投稿、地域の本の紹介や催し物の案内など、と総合雑誌風でもある。

たとえば、ベトナム戦争さなか、一九六六年四月三〇日発行の六六六号は、題字脇に「農薬の軍事化」とのタイトルで、日本学術会議が、

「米軍の農薬や毒ガスなどを大量に散布している「枯葉作戦」にたいして、自然破壊と住民の生命の危険をもたらす農薬の軍事使用は、科学技術の目的に反する」

との声明を発表した、と報じている。

農業のために開発された農薬が、農民の健康被害ばかりか、消費者の健康を害している事実はその後あきらかになるのだが、武装したヘリコプターから、非武装のベトナム人の頭のうえや田畑に大量にまき散らし、三代にわたって人体被害を遺している米軍の憎悪と殺意が、いまなお裁かれていないのは、不思議である。

この日の一面は、横手の高校でひらかれた、ベトナム視察から帰った松岡洋子さんの講演要

旨の紹介に大きく割かれている。もうひとつの記事は、農協合併に反対する理事候補の出現にたいして、にわか組合員を仕立てて水増し選挙で防戦した、農協執行部を批判するレポートである。これはその地域に住む二八歳の農民が書いている。

はじめのころは、四、五人の社員がいて、赤字だった。むのはこれまで、三〇〇〇回にものぼる座談会や講演をおこなってきた、という。いまどきのいいかたでいえば、読者とのネットワークがこの新聞の特長である。読者との交流が熱っぽく、大新聞にはけっしてみられない深いコミュニケーションを築いている。

とりわけ、紙面に掲載した「随想録」をあつめて単行本にした『たいまつ十六年』や『雪と足と』が発行されると、全国の若ものからの手紙が、木造長屋の新聞社に舞いこむようになった。二年たらずのうちに、千四百人、それもひとりの読者と一〇回、二〇回の往復書簡になる例もあった。

「踏まれ石」となって語る

若ものたちの踏まれ石になって、歴史の前進のために身を捨てる覚悟である。その往復書簡をあつめたのが、『踏まれ石の返書』である。佐賀県の若ものが林房雄の『大東亜戦争肯定論』に影響され、「日本が戦争をしたからアジアが独立できた」とする意見を否定しきれない、と書き送ってきたとき、むのは自分の体験を踏まえて、こう書いている。

「ベトナムのことを話します。あの戦争のとき、フィリピン、マライ、ビルマ、ジャワ等へ進攻した日本軍は、みなサイゴン北東のカムラン湾という所で大輸送船団を編成し、そこから作戦地へ進発したのでした。私自身は一従軍特派員として昭和十七年二月十一日の紀元節には、その湾内の一隻のおんぼろ船の中にいました。そして三月一日午前零時すぎにはジャワ島西部のバンタム湾岸に「敵前上陸」した兵士たちの中にいて、日本で見るのとそっくりにジャワでもホタルがむれ飛んでいる光景に「一種の感動」を覚えていました。

カムランという湾名は、高校生用の地図書には出ています。そして中学生用の社会科教科書にだって、昭和十六年十二月八日の宣戦布告の五か月前に日本軍が南ベトナムに進入したことが(当時は「南部仏印進駐」といわれた)、さらにその十か月前には北ベトナムに日本軍の進入した事実が(従来の教科書には、たしかに)記述されています。「大東亜戦争」は実質的にこのときはじまったのです。対独戦に敗退したフランスの落ち目につけ込んでベトナムに基地をもつことができなかったら、いかにはやり猛る日本軍部でも南方作戦を展開することは不可能でした。これをベトナム人民の側から言えばどうなるか。あれから現在までの二十五年間にひと月と切れ間のなかった戦火を、そもそもベトナム人民へもたらした張本人、その「戦争の運び屋」は日本であって日本以外のだれでもない、ということではありませんか。この事実は、二十年たっても二百年たっても消し去ることはできません。ベトナムと日本とは、これ以上くっつける余地のないほど一つでありませんか。アジアの多くの他の国々と日本の間柄も同じです。」(『踏まれ石の返書』)

日本が戦争したから、アジアが独立できた、といういいかたはいまでも根強い「おためごかし」の一種である。むのは「武器を携行して他国へ押し入っていくものがもたらし得るものは、口で唱えるスローガンが何だろうと、しょせん同族が殺し合わねばならぬほどの悲劇に通じるものでしかあり得ない」と喝破している。

日本は一九四〇年九月下旬、「北部仏印進駐」をはたし、さっそく日独伊軍事同盟を締結、大政翼賛会を結成した。翌年七月下旬、「南部仏印」に軍隊を進駐させて、対米英戦も辞せずとの「南進」を強行、破滅的な泥沼にはまりこんだのだった。

敗戦日本が、経済の復興から経済大国にむかうきっかけを握ったのは、朝鮮戦争とそのあとのベトナム戦争に際会しての米軍むけ「特需」によってだった。その一方で、南北が分断され、おなじ民族が血で血を洗う戦争の基盤になったのが、かつての「大東亜共栄圏」、「解放」のスローガンだった。その犯罪的な行為に気づかないふりして、「お前たちのためだった」といい抜けようとする言説が、いまなお横行している。

一九六五年七月、米軍の一個大隊四千人が上陸した「カムラン湾」とは、米軍のベトナム侵略だけにともなう地名ではない。日本のアジア侵略をも刻みこんだ原罪の場所である。日本人に、その歴史意識が稀薄なのだ。

「わが身をわがペンで刺しつらぬいていない文章は、なにが書かれていようと、どのように書かれていようと、ヒマつぶし以外には役に立たない。」(『詞集たいまつII』)

おのれにハネかえる言論を

大新聞の社説に特徴的なあいまいな言語は、大部数獲得作戦の産物である。だれからも憎まれず、だれからも支持されない、無難な最大公約数的な論説など、無意味というしかない。「近ごろの新聞には解説はあっても社説はなく、その解説ですら、自民・社会・民社三党の主張をたして三で割り、それを水で薄めて米日独占印のコショウをかけた程度のもの」(『ボロを旗として』)とむのは酷評している。

「客観主義」などといって、主体のかかわらない、奥歯にもののはさまったようなのが、マスコミ特有の文章である。これにたいして、『たいまつ』の言説は、たちまちにしておのれにハネかえってくる言論である。

カムラン湾内の軍用輸送船のなかに、あるいは「敵陣上陸」した兵士とともにいた、従軍記るはずだ。

者としてのむのが、どんな記事を書き送ったのか、その自省と退社の決断とがむすびついてい

記事を書く人間にとって、客観性などあるのかどうか。それをあるとする、新聞社の横暴さとは、無難さを売り物にする狡猾さでもある。いま書いている問題が、自分にとって、どれほど切実な意味をもつのか、マスコミの第一線から脱退したむのがこだわりつづけたテーマだった。

「A君、きみは何のために農村問題に関心をもったのか。農民の立場で見るのか、非農民の側から見ようとするのか。農民の側の何ごとに、どの場に視点をすえるのか、非農民の側のどの角度から何ごとにメスを入れようとするのか。きみは、そのことについて何も語っていない。メスを自分で用意しないで解剖はできるのか。仮に経験や学習がまだ不十分であろうと、何ごとかの真実をつきとめようと決意したなら、その時点における自分の責任の全重量をかけた一個の視点をもち、それをメスとして事実に迫っていかねばなるまい。事実をたしかめながら、視点そのものの誤差をも正しながら、そうしてこそ真実に肉薄できるのではあるまいか。私はきみに〈どの側から、何のために〉それをするのかと問い返すだけで、いまは何の助言もできない。」(『ボロを旗として』)

たった一人ではじめに歩いた

新聞記事は、日々のできごとを速報するのが、おおきな役割とされている。が、そのニュースソースは、警察をはじめとする官庁や首相・内閣や各種の政府機関である。好むと好まざるとにかかわらず、記者は国家のお先棒担ぎをやらされる機会が多い。

それは戦時中の大本営報道部だけのことではない。おのれが書く記事が、はたして歴史に耐えうるのかどうか、歴史に裏切られないかどうか、日々判断することが必要だ。

時間がたつにつれて、自分が書いた記事が、大嘘だったと暴露されることにならないかどうか、あるいは国家や地方行政の政策遂行のための露ばらいになっていないかどうか、なんの力もなく、なにも悪いことをしていない個人の存在を脅(おびや)かすものになっていないかどうか。その不断の自己点検が必要だ。

新聞にたいする不満として、書かれていないことへの不満がある。それが戦時中の新聞社の自己批判でもあるはずだ。

「書かれた事柄はまちがいない事実であっても、そのほかに伝えられねばならないもっとたくさんの事実、もっと本質的な事実があるのにそれを取りあげなければ、書かれた記事は真実を伝えたものではない。そういう意味でのデタラメなら、戦時下の新聞記事には余りに多かったことを否定できない。まして人民に真実をつたえる報道・言論の自由を守れなかった責任は、過ぎたことへの懺悔としてよりも、こんにちにつながり将来につながっている緊切な課題としてわが国ジャーナリズムの前に立ちはだかっている。」(『たいまつ十六年』)

むのは新聞を発行するだけではなかった。ある意味では、それだけならさほど困難なたたかいとはいえないかもしれない。彼は部落ごとのちいさな集会にまめに顔をだして、政治についてばかりか、農村の因習打破について語り、農業の未来について説き、反戦の市民運動を興し、無所属で国会議員選挙に立候補して落選するなど、地域にあって満身創痍だった。それでも、それらの行動が地域の民主化につながることを信じていた。

むのは、おおきな影響を受けた魯迅のうしろ姿を思い浮かべながら、こう書いている。

「道はもともとあるのではない、多くの人が歩くからそこが道になるのだ、とその人は言ったが、しかし多くの人々がそこを歩く前にはごく少数の人が、たいていはたった一人が、足から血を流して歩いたのであるまいか。その人は、たった一人ではじめに歩いた人だから、だからこそ〈道〉を語れるのではないのか……。」(『ボロを旗に』)

十　生涯一記者　斎藤茂男

1928–1999
(提供・斎藤よう子氏)

斎藤茂男略年譜

1928(昭和 3)	3月16日，東京に生まれる
34(　9)	芝区立芝小学校入学
52(　27)	慶應義塾大学経済学部卒業，共同通信社に嘱託として入社
56(　31)	28歳，中村よう子と結婚
57(　32)	菅生事件報道(容疑者発見)．翌年第1回JCJ賞受賞
58(　33)	徳島ラジオ商殺し事件報道．連載企画「現代シンデレラ物語」
59(　34)	連載企画「松川事件を追って」
63(　38)	第1回アジア・アフリカジャーナリスト会議出席(バンドン)．大阪支社に転勤
66(　41)	東京本社に戻る．編集局社会部勤務
74(　49)	連載企画「ああ繁栄」(『わが亡きあとに洪水はきたれ！』として刊行)．JCJ賞受賞
75(　50)	連載企画「教育って何だ」(76年刊行)
76(　51)	『聖家族 おおハッピーライフ！』刊行
78(　53)	連載企画「父よ母よ！」(79年刊行)．『飛び立ちかねつ鳥にしあらねば』刊行
80(　55)	連載企画「死角からの報告」(83年刊行)
81(　56)	『会社とは Kゼミ24人の軌跡』『事実が私を鍛える』刊行
82(　57)	連載企画「日本の幸福」(『妻たちの思秋期』として刊行)，「燃えて尽きたし……」(84年刊行)
83(　58)	『破局』刊行．日本記者クラブ賞受賞． 連載企画「生命かがやく日のために」(85年刊行)
84(　59)	『日本人と性』刊行．日本新聞協会賞受賞
87(　62)	59歳，共同通信社を定年退社，編集委員室嘱託(88年まで)
88(　63)	連載企画『世紀末を行く』
89(平成 1)	「花婿学校」開校，副校長に就任．『斎藤茂男取材ノート』刊行
90(　2)	『花婿学校 いい男になるための10章』(共著)刊行
91(　3)	『飽食窮民』刊行
92(　4)	『新聞記者を取材した』刊行
93(　5)	『息子殺し』(編著)刊行．『ルポルタージュ 日本の情景』全12巻刊行開始
94(　6)	『お子さま戦争』刊行
96(　8)	『現代の世相 子どもの世間』(編著)刊行
98(　10)	「赤坂夜塾」開講
99(　11)	5月28日死去，71歳

もっとも新聞記者らしい男

斎藤茂男さんは、一九九九年五月下旬、新宿区の病院で息を引き取った。七一歳だった。

彼はがんの告知をためらっていた医師に、「新聞記者は真実を知りたいのです」と諭(さと)し、自分の病状についての所見を語らせた。残された時間はどのぐらいあるのか、それまでどのぐらいの仕事が可能なのか、緩和治療にはどのような選択肢があるのか、そして医師の経歴など、取材とおなじように、やや背をかがめ、相手を睨みつけるようにして聞き取りながら筆記し、質問が終わると、メモ帳をポケットに突っ込んで立ち上がった。

意識を失って倒れたのは、その五日後だった。

斎藤茂男さんは、わたしが会った新聞記者のなかでも、もっとも新聞記者らしい男だった。もちろん、記者にはそれぞれ、強面(こわもて)で押しとおすひとやあたりを柔らかにしているタイプなど、いくつかのパターンがあるのだが、彼はそのどっちでもなく、柔軟な構えながらギョロリとした不敵な目から、こちらの内側にまっすぐに食い込んでくる視線を放ってきた。それはもしもこっちが嘘をつこうとしても、こころの動揺を見逃さない、老練なキャッチャーを感じさせた。

「もっとも新聞記者らしい男」と書いたのだが、じつはわたしは、「斎藤茂男は、新聞記者でありながら、新聞記者であることを自己否定しつつ、新聞記者を超えたジャーナリストである」(斎藤茂男『日本の情景11 事実が「私」を鍛える』巻末「批評」)などと書いている。

企業内記者を超えたジャーナリスト、ということをわたしは強調したかった。書いているのは新聞記事でありながらも、連載が終わると一篇の作品となる取材の深さと視野のひろがり、そして感覚の柔軟さに、斎藤ルポルタージュの特質があった。

不敵な眼差しとやさしい視線とが共存しているジャーナリスト、といったほうがわかりやすいかもしれない。

『妻たちの思秋期』『飽食窮民』『燃えて尽きたし……』など、けっして充足されることのない、現代社会の欲望を描くルポルタージュを、それまで人間の内面描写など馴染みのうすかった新聞紙面で、連載するようになる。「客観報道」の呪縛に金縛りにされていた新聞記事に、発想の大胆さとやわらかな感性を吹きこんだこれら連載記事は、若い記者たち、とりわけ女性記者たちが書く記事への道をひらいた。

斎藤さんとの出会い

斎藤茂男さんと最初にお会いしたのは、新宿駅そばの喫茶店だった。七三年の秋ごろ、彼は大企業の労働現場の取材を準備していた。そのころ、わたしは、自動車工場のコンベア労働の実態を描いた『自動車絶望工場』を出版したばかりで、鉄鋼所や造船所などの取材をつづけていた。それで会いたいとの電話がかかってきたようだ。

お会いして、大通信社のベテラン記者が、事件があったわけでもないのに、大企業内部のルポルタージュの連載をはじめる、というのを聞いてわたしは目を瞠(みは)った。

というのも、マスコミは大企業に弱く、その内部でどんなことがおこなわれているかについて報道することはすくない。たとえば、爆発事故とか火災事故とかがあったとき、はじめて報道する。最近の例でいえば、核燃料工場・JCOの臨界事故による放射線もれや雪印乳業の不良商品の販売、東京電力の原発の検査データ偽造など、事故が発生したり、あるいは汚職や横領などの事件が露見してから、はじめて会社の内部の様子がつたえられるのが常である。

斎藤さんはそれまで社会部デスクだったのだが、激務がわざわいし、十二指腸潰瘍となって、千葉県に転地療養していた。復職してから現場にもどって、また自分で取材をするようになっていたのだった。

わたしの大学時代の同級生に、共同通信の記者になったのがいたので、彼から斎藤さんが「菅生(すごう)事件」の真犯人を追いつめた記者だったことを知らされた。

菅生事件は、一九五二年の六月、大分県の山村で、巡査駐在所がダイナマイトで爆破された怪事件である。その容疑者として、地元の共産党員たちが逮捕されたのだが、実際は共産党を弾圧するために警察官がやった事件だった。

「警察がその人物を必死に隠匿しなければならない事情、事件の背景などについて確かな認識があるわけではなく、まして最終的に明るみにでた内部爆破による謀略の手口などはまったく想像もしないことだった。自分たちのやった取材の結果がつぎの波紋を起こし、つぎつぎに事実が発見されていくさまに私は素直にびっくりし、その驚きのなかで権力機構の高いヘイの向こうで行なわれることはすべて疑ってかからなくてはならぬ、とあらためて自分に言い聞かせたのだった。「初めに反権力ありき」ではなく、偶然にぶつかった事実によって目を開かされながら、その事実が起きてくる背後の事実に視野を広げてみたとき、ようやく自分の取材したことの意味がわかりかけてくる——そんなプロセスを繰り返しながら、私は記者になっていったように思う。」(『日本の情景11　事実が「私」を鍛える』)

はじめてお会いしたとき、彼は背をかがめ、すこし下からわたしを見据えるようにしながら、低い声で話した。四五歳になっていたはずだが、まさにこれから長征にでかけるかのような、気力を感じさせた。

その連載は「ああ繁栄」というタイトルになった。掲載された地方紙の紙面が、コピーされてわたしのところにも送られてきた。よく気がつくひとである。その記事では、大企業の内部にいる少数派の声が大胆にとりいれられ、日本繁栄をささえた合理化と労働者支配、差別と疎外などの状況が、企業の実名いりで、きわめてリアルに描かれていた。

共同通信の記事は、地方紙の編集局が採否を判断するのだが、約三〇紙がこの「平地に乱を起こす」ような、過激な記事を掲載した。事件や事故がなければ、けっして企業内には踏みこまない新聞社が、企業の実名いりで現場の労働者(匿名)の声に依拠して書いた快挙だった。

斎藤さんは、この長編ルポのあと、おなじように、同僚記者との共同取材による手法で、「教育って何だ」「父よ母よ!」などの長期連載を開始、さらに「日本の幸福」シリーズをはじめいくつもの連載を実現させた。それぞれが単行本化されてベストセラーになった。そのような手法によって、八七年三月に定年を迎えるまで、第一線記者としてペンをふるっていた。

新聞記者の原点を追求

「ああ繁栄」は、繁栄のなかの貧困を摘出したものだった。八部四九回、写真を大きくつかったこの連載は、単行本になったとき、『わが亡きあとに洪水はきたれ!』と改題されていた。わたしがだした『自動車絶望工場』とおなじ出版社だったこともあって、わたしは親近感を感じていた。

この本の「あとがき」には、大通信社の幹部記者が、労働者の集会にでかけて、思いがけなくも腕を組み、労働歌をうたう「転位」が記されている。

繁栄の断面
第一部 海運 ①
日本に血液を注入
海上コンベヤーはフル回転

「ああ繁栄」新聞連載の第1回目．シリーズ名を変えて掲載するところもあった(提供・京都新聞社)

社会部デスクからラインを登っていくはずだった斎藤さんが、一記者として現場に復帰する「転生」が、この「ああ繁栄」だった。労働現場をくぐり抜けて、日本資本主義の「腐臭、退廃の気分」(『日本の情景4　飽食窮民』あとがき)にむかって、長い旅にでた記念すべき作品である。と同時に新聞記者の原点を追求した仕事でもあった。

「記者は新鮮な思考を再生産する保証もないまま、いつか〝上からの情報〟をベルトコンベヤーに乗せて送り出す機械になりがちだし、「中立・公正・客観的」と称するかくれミノを着て、本当の現実を見きわめる努力を捨てがちになってしまう。かくして記者もまた「合理化不感症人間」の仲間入りをさせられる破目となる……。」(『日本の情景9　わが亡きあとに洪水はきたれ！』あとがき)

「自分はしがない労働大衆の一人にすぎないのに、日ごろつき合っている政治家や財界人や高級官僚や労働ボスなどの「上」からの支配感覚に染まってしまって、歩き方や話し方までそれらしくなる、といったコッケイな風景も出現するのだ。もともと戦後社会の仕組みのなかで、マスコミ大企業に職を得ている者は、広い目で見れば曲がりなりにも〃社会的強者〃の側に近いであろうから、このような擬似的な階層転位の落とし穴にじつに容易にはまりやすい、とも言えるだろう。」(『日本の情景11 事実が「私」を鍛える』)

現実ともっとも多くつきあっているはずなのに、現実から切り離されていく新聞記者の疎外の深化は、書くものとの関係が疎遠になっているからだ。仕事がルーティンワークとなってしまえば、対象によって自己変革をせまられることなく、ベルトコンベアに物体を載せるようなロボットと化す。それが四〇歳すぎて、労働現場を訪ねあるくようになった斎藤さんの自己批判でもあったはずだ。

石鹸の匂い

『わが亡きあとに洪水はきたれ!』の「あとがき」で、斎藤さんはややはにかんだ面持ちで、「石鹸の匂い」について書いている。

長い労働のあとに、工場の風呂場で身体の汚れを落として外にでてくる労働者たちは、かすかに石鹸の匂いをさせている。門をでるまえに、風呂で身体を洗うのは、炭鉱や鉄鋼、造船など大工場の労働者の必要な作業でもあるのだが、風呂場のない町工場では、工場の片隅の洗い場でタオルを首にかけて、手足を洗う。斎藤さんは取材先でのほのかな石鹼の匂いから、子どものころの記憶をひきだしている。

実家が町工場だったのだ。父親はその工場を一代で築き、注文をだしていた川口市(埼玉県)の鋳物屋にでかけ、そこで倒れた。斎藤さんは、子どものころ、一九三〇年代に、自分の工場ではたらいていた零細な労働者である、「タミさん」や「トヨちゃん」と、七〇年代の労働者の姿とを重ねあわせるようにして取材をつづけていた。

「本書の「あとがき」末尾に、私は「労働者たちを信じている」と書いた。いまもお前はそう信じているのか──その問いを自分の胸に問わない日は、実はないくらいなのだ。それにどう答えるのか、答えられるのか。人間の尊厳のために闘えなくなっているのだとしたら……私にはその先をいま、書く勇気がない。」

九四年にこの本を収録した、岩波書店の『斎藤茂男 日本の情景9』の「追跡取材」の末尾に、書きつけられた文章である。斎藤さんの当惑が痛いようにつたわってくる。

さらにそれから八年がたって、大企業でも大量解雇がつづき、会社に残されたものでも、サービス残業(無給)が当たり前になり、過労死や過労自殺に追いこまれ、これまでの日本でもみられなかった悲惨な状態がつづいている。それでも、なんの抵抗もできない日本の労働運動の現状をみると、絶望的にならざるをえない。

わたしは、斎藤さんの父親がやっていたような、町工場の労働者として社会生活をはじめた人間である。やはり工場のそとにある水道の蛇口をひねって、油でよごれた手足を洗っていた。高卒後、わたしは青森から上京して、その切削油と石鹼の匂いのなかから、社会意識をつくりだすようになった。「タミさん」や「トヨちゃん」たちから、仕事を教えられて生きてきた。

『わが亡きあとに洪水はきたれ！』が出版された七四年に、わたしも企業内少数派を中心とした、『労働現場の叛乱』を上梓し、そのあと『労働現場に何が起こった』などをだしている。斎藤さんとおなじように、「人間の尊厳のために闘っている労働者」をテーマにしてきたのである。だから、斎藤さんの問いかけである、「その先をいま、書く勇気がない」を、自分にたいする問いかけとせざるをえない。

「個」の形骸化

たしかにいま、人間性、人間の尊厳、人間のいのちがますます粗末にされる時代になっている。これまで、本書『反骨のジャーナリスト』で紹介してきたひとたちがそうだったが、「人間の尊厳のために」、たとえひとりであったにしても時代と抗う、ひとりといえどもたち上がったひとたちの精神を、いまにつたえることが大事な仕事だ、とわたしは信じている。組織ではなく、個人としてノンをいいつづけたひとたちを、わたしは自分のルポルタージュの重要なテーマにしてきた。

『わが亡きあとに洪水はきたれ！』が出版されてまもなく、ある出版社の労組機関誌のために、斎藤さんと対談したことがある。「このままでは情けない」とのタイトルだった。繁栄のなかの矛盾の深化とそのなかでの権利闘争の必要性について、わたしたちは語り合った。

わたしは、「板子一枚下の地獄」を強調した。世は「一億総中産階級」などと浮かれているが、はたしてそうか、との疑問がずうっとあったからだ。

鎌田 以前は、残業はしないとか、仕事がなければ早く帰るとか、そういった権利意識はすごくありましたね。それに、そこのところが、ひとつの労働運動をつくっていくエネルギーであったと思うのですが、いまや自己主張が全然できないような社会になってしまった。
ま、ファシズムという言葉を使うなら、社会のなかで、工場がいちばんファシズム化していると思うのですが、「個」としての主張が工場ではまったくできなくなっている。その工場にいた人間が社会に出ていって、果たして「個」としての自己主張ができるのかどうか、ということになると、これはひじょうに疑問ですね。

斎藤　ひところ、高度成長期に、鎌田さんや僕が取り上げた工場現場におけるファシズムという問題だけど、それが工場から外へ外へと拡がっていって、まさにいま、子どもの世界でひじょうに危険なファシズム状況の芽が、いっぱい出てきているような感じがする。国家というレベルで組織していくとひじょうに恐ろしいことになるような「個」の形骸化がものすごく進んでいるんですよね。一見なんでもない、非行などとは無縁にみえる子どもたちのなかにも、多数派へ身を寄せることによって、やっと自分が安定していく、そういった意識が埋めこまれている。四十人のクラスのなかで自分はたとえ三十九人に抵抗してでもひとりで行く、そういう子どもが作られていない。

鎌田　おやじが頑張っていないんですからね。子どもに頑張れと言ったって無理でしょうね。（『斎藤茂男取材ノート6「記者志願」』）

新聞記者と歴史認識

その後のバブル経済によって、モノ、カネへの突進は度しがたいものとなり、個人はますます解体された。オイルショックまえの好景気にも、バブルの乱痴気騒ぎにも与る(あずか)ことのなかった膨大な細民がいる。斎藤さんが書いている「タミさん」や「トヨちゃん」の世界である。

彼らにとっての高度経済成長やバブル経済とは、せいぜい残業収入がふえて、マイカーをもつことができ、ローンでちいさなマンションを買ったり、家具がひとつふたつふえただけだった。が、それもつかの間、いまは無給の残業をしなければ会社に残れず、さらには会社が元請けから注文を打ち切られたり、銀行から融資を止められて倒産したりする。つかの間の夢というべき繁栄だった。

斎藤さんは、自分の「追究課題」を、「資本主義と人間の関係」と書いている。この企業に取りこまれてしまった社会のなかでの人間の状況を、子ども、父母、夫婦、家庭、高齢者などの姿をとおしてみると、人間の関係が成立しなくなっていることが読みとれる。

彼が書きつづけたのは、現代の不毛な状況の提示であり、再生の手がかりを考えようとする、意志のはっきりしたルポルタージュだった。この時代を人間らしく生きていくために、その想いを斎藤さんはこまかな取材によって新聞記事に反映させた。

新聞記者は大組織を背負ってものをみがちである。まいにちの仕事が歴史とどうつながっているのか、その責任を感じてものを書いているのかどうか、それがわたしの新聞にたいする不満であり、期待でもある。

新聞記者の日々の仕事が、歴史を切り拓く方向にむかっているのかどうか、いまあらためて、その歴史意識が問われている。横山源之助や松原岩五郎のように、あたかも地を這うようにして民衆のあいだをあるきまわることなく、もしも官庁や経済団体の記者クラブにいて、発表されたものを文字にし、官僚や大臣や政治家など、権力者の談話に依拠して記事を書いているだけだとすれば、どうして人間らしい感性を磨きながら、未来にむかうことができるのだろうか。仕事の日常化のなかで、記者たちに、その疑問が自問されなくなっているのではないか。

ひとの話に耳をすませて、書くことによって、自分の知識と感性がゆたかにさせられる。そのエネルギーに依拠して、民主主義をひろげ、人権を拡大し、戦争をふせぐ力をつくりだす。その意欲と自己検証がないのでは、取材し、書いたにしても、陸羯南のいうように、新聞記者としての「職分」をはたしたことにはならない。本人にとって意味のない仕事でしかない、とわたしは考えている。

「徹底的に弱者の立場に視座を据えて世界を見るとき」

斎藤さんは、新聞記者を超えた新聞記者だ、とわたしは最初に書いた。企業の枠を越えたジャーナリストとして、斎藤さんにとってのひとつの利点は、通信社の記者だったことがある。自分の会社、という意識よりも、四十数社の新聞社の紙面とその先にいる読者を思い描くことができる。

それともうひとつの特質として、若いときに通信社の労組役員を務めていたことがある。その仕事として、アジア・アフリカ・ジャーナリスト会議に出席し、民族独立運動や解放闘争の最前線にいるジャーナリストにたいする共感をもち帰っていた。激動する国では、「体制的なジャーナリスト」など、恥ずかしいだけである。

斎藤さんが大きな関心をもちつづけていたのは、労働組合の再生だった。企業のなかを人間的なものにし、社会を人間化するための抵抗の組織として、労組の存在がある。彼が書きつづけたのは、親子、男女、家族をふくめて、人間と人間の関係の再生への希いだった。ひととひとを稀薄な関係にさせるのが、資本主義社会の特性である。それにたいして、共生と連帯、それをもとめて斎藤さんは書いていた。

いまでも、若い記者たちに、敬愛の表情を浮かべて斎藤茂男について語るひとたちが多い。生涯一記者だったことへの敬意であろう。

「新聞記事を取材し、書く、一人ひとりの記者の人間観と、その人の仕事と生活をひっくるめた全体的な生のスタンスが、正真正銘、人間らしい優しさ、しなやかさを湛えているかどうか——ジャーナリズムはやがてそういう光線に曝されることになるのではないだろうか。」(『日本の情景12 新聞記者を取材した』)

斎藤さんは、新聞記事によって、人間を書こうとしていた。人間にたいする関心は、当然のことながら、その人間性を破壊する社会や組織のあり様にたいする批判にむかう。反骨でないジャーナリストが形容矛盾であるように、人間的でないジャーナリストもまた、ありえない。

取材し、書く自分にとって、その問題はどのように切実な課題なのか、取材対象とどのように人間的にかかわり、自分を鍛え直すのか、それが書くことの意味である。

日本の政治・経済体制の遅れが、国際社会のなかで深刻になってきた。競争力のことではない、人権意識の稀薄化の方向である。これはこの社会を構成してきたわたしたち、とりわけ、批判力が弱く、社会を変革する想いのすくないジャーナリストに共通する責任でもある。

斎藤さんは、亡くなる半年前、『朝日新聞』に、三五歳のとき、アジア・アフリカ・ジャーナリスト会議に出席したときのことを書いている。たち寄り先の中国で会った記者が、「記者は闘いの外に立って眺めていてはいけません。状況の中に自分を投げ込み、その渦中に巻き込まれてしまうべきです」といったことを紹介したあとに、つぎのように書いている。

「生きた社会の現実というものは、冷静な客観的観察だけではとらえきれない。記者が弱者の状況に巻き込まれ、徹底的に弱者の立場に視座を据えて世界を見るとき、状況の本質に接近することができる――「中立・公正・客観的であれ」という常識の虚構を自覚させられたあの夜の言葉を、私はそう意訳して大事にしまっている。」(一九九八年一一月一〇日夕刊)

ギョロリと見通すような斎藤さんの強い視線の奥には、やわらかな光が湛(たた)えられていたのだった。

おわりに――いわねばならぬことをいう

「私は言いたいことを言っているのではない。言わねばならないことを言っているのだ。」

一九三三年八月、政府が「非常時」を鼓吹して、挙国一致の「有事体制」を準備しはじめたころ、桐生悠々は、『信濃毎日新聞』の社説で、「関東防空大演習を嗤う」と書きつけた。軍部が、首都への空襲を想定してなお、戦争を準備している、その非合理性を「滑稽」といい放った。それが、悠々のジャーナリスト精神だった。

西南戦争の報道のあと、新聞は日清、日露戦争にたいする民衆の熱狂とともに、部数を急速に拡大するようになる。日露開戦の前年、一九〇三年一〇月、それまでの非戦論から一転して主戦論に転換した黒岩涙香社長の『萬朝報』の事情とは、部数拡大の誘惑だった。世論の熱狂に冷水をかけるのは、不利益とソロバンをはじいたのである。

自分の信念にしたがい、いわなければならないことをいうのが、ジャーナリストの生活態度、としたならば、あえて「反骨」などというまでもない。それは空気を吸うような、生きるための欲求ともいえる。もしも、言論、表現の自由の行使を、「反骨」といわなければならないとしたなら、そこはとても不自由で、閉塞した社会である。

桐生悠々とほぼ同時代に活躍した宮武外骨は、日露開戦の一ヵ月後に、その主宰する『滑稽新聞』の紙面を、伏せ字だらけにしてみせた。あたかも、検閲による弾圧の跡のようにして読者の度肝を抜いたのだ。が、残された文字をひろってよく読めば、「今の軍事当局者はつまらぬ事までも秘密秘密と云うて新聞に書かさぬ事にして居る……」とある。これもまた、権力を「嗤う」論説である。

大日本帝国憲法が発布された、一八八九年二月一一日に創刊された、陸羯南の『日本』は、ほぼ八年のあいだに、三〇回もの発行停止処分を受けている。日本の新聞、雑誌は、大小を問わず、その創刊当時から、讒謗律、新聞紙条例、新聞紙法、治安維持法などによって、発行停止ばかりか、発行者や記者の投獄さえ繰り返す歴史だった。

それでも、「独立記者」「独立新聞」を標榜していた陸羯南は、政府の発行停止処分にたいして、その理非曲直をただす堂々たる論陣を張った。ジャーナリストとは、彼にとって、右顧左眄する必要などありえない、「天職」だったのだ。

わたしは、羯南、悠々、外骨、それに、『日本の下層社会』を遺した横山源之助、『近代思想』や『労働新聞』を発刊した大杉榮、『青鞜』の平塚らいてう、反戦の具体的実践として、ソ連のスパイに協力した尾崎秀実、ナチスと軍部を批判し、戦後は読売争議で解雇された鈴木東民、敗戦の日に新聞社を辞め、地域でミニコミをだしつづけたむのたけじ、警察のフレームアップだった「菅生事件」の犯人の潜伏場所をつきとめた斎藤茂男などに流れている、独立不羈の精神を伝えたかった。

現実の問題を素材として、社会のありかたと人間の生き方を、未来にむけて問いかけるのが、ジャーナリストの仕事だ、とわたしは思う。そのためにこそ、孤立してなお事実をつたえなければならない。それがこの先達のメッセージである。

「いわなければならないことをいう」。悠々が主張するように、それがジャーナリストの義務だとしたなら、国権と人権が対立するとき、たとえば、人間にたいする憎悪の極限としての戦争が、いままさにはじまろうとするとき、いやその助走期間から、ジャーナリストは、政府の世論操作とどう対決するのか、それが究極のテーマになる。

朝鮮戦争、ベトナム戦争、湾岸戦争、アフガン戦争と、海外へ出兵しつづけてきた米国にあって、政府の報道統制の枠を破れなかったジャーナリストたちの苦い自省は、いまもつづけられているようだ。参戦を「国益」と主張する政府と毅然として対峙できるのかどうか、その問いかけは、米国ばかりのことではない、すでに自衛隊の「派兵」を実現させた、日本のジャーナリストにとっても共通する自問であるはずだ。

この新書は、NHK教育テレビ「人間講座」で放映された「反骨のジャーナリスト」(二〇〇二年二―三月)八人に、あらたに稿を起した尾崎秀実、むのたけじのふたりをくわえ、加筆したものである

たまたま、この反骨たちがNHKで放映されていたころが、「報道の自由」と「有事法制」論議がたかまった時期でもあったため、友人の記者なん人かから、めずらしく手紙をもらった。

そこには、六〇歳の定年をすぎても、まだ書きつづけた先輩たちへの畏敬が述べられていたり、「ペンは自分のものであって、新聞社に属するものではない」との私見への同調が書きつけられたりしていた。「反骨とは、現場にたったときにふつふつと沸いてくるエネルギーの結晶」とか、「ジャーナリストの原点に立ちもどらねば、と痛感した」というのもあった。

記者が天職であるとすれば、それはどんなときにでも、言論の自由と言論の力を信じることであるはずだ。しかし、いわなければならないこととはなにか。取材の現場で出会ったひとたちが語る、彼らの夢や想いに沿ってのことでもあろう。

そのひとたちの人権が国権と対立しているならば、潔く人権の側に立とう。さまざまな地域で押しつぶされようとする、未来への夢や想いは、個人のもののようであって、けっして少数のひとたちだけのものではないからだ。

いままた政治が強権的になってきたこの時代こそ、先人の教訓を活かし、ジャーナリストが

力を発揮すべきとき、とおもう。ジャーナリズムが問われている。

この稿の執筆にあたって、ご遺族のかたがたおよび地元図書館、日本近代文学館、さまざまな助言を頂いたＮＨＫエデュケーショナルの深堀雄一、日本放送出版協会の北崎隆雄、岩波書店の小野民樹、早坂ノゾミさんに感謝致します。ありがとうございます。

鎌田　慧

【参考文献】

陸羯南

『陸羯南全集』全一〇巻、みすず書房、一九六八―八五年
『日本の名著37 陸羯南／三宅雪嶺』中央公論社、一九八四年
陸羯南『近時政論考』岩波文庫、一九七二年
小山文雄『陸羯南「国民」の創出』みすず書房、一九九〇年
稲葉克夫『青森県の近代精神』北の街社、一九九二年
相沢文藏「陸羯南」(弘前市立弘前図書館刊『郷土の先人を語る第一 陸羯南・笹森儀助・建部綾足』一九六七年、所収)

横山源之助

『横山源之助全集』全一一巻(第1巻、2巻、別巻1まで刊行)、社会思想社、二〇〇〇年一〇月から
横山源之助『日本の下層社会』岩波文庫、一九八五年
横山源之助『内地雑居後之日本』岩波文庫、一九五四年
横山源之助『下層社会探訪集』現代教養文庫、社会思想社、一九九〇年
立花雄一『評伝 横山源之助』創樹社、一九七九年
立花雄一『明治下層記録文学』創樹社、一九八一年

犬丸義一校訂『職工事情』全三巻、岩波文庫、一九九八年

平塚らいてう

『平塚らいてう著作集』全八巻、大月書店、一九八三―八四年
平塚らいてう『元始、女性は太陽であった』全四巻、大月書店、一九九二年
堀場清子『青鞜の時代 平塚らいてうと新しい女たち』岩波新書、一九八八年
井手文子『平塚らいてう 近代と神秘』新潮社、一九八七年
らいてう研究会『「青鞜」人物事典 一一〇人の群像』大修館書店、二〇〇一年
米田佐代子、池田恵美子編『「青鞜」を学ぶ人のために』世界思想社、一九九九年

大杉榮

『大杉栄全集』世界文庫版、全一〇巻、復刻、一九六三―六四年
『大杉栄全集』全一四巻、現代思潮社、一九六三―六五年
大杉栄『自叙伝／日本脱出記』岩波文庫、一九七一年
飛鳥井雅道編『大杉栄評論集』岩波文庫、一九九六年
鎌田慧編『大杉榮語録』岩波現代文庫、二〇〇一年
大沢正道『大杉栄研究』同成社、一九六八年
秋山清『大杉栄評伝』思想の科学社、一九七六年
鎌田慧『大杉榮 自由への疾走』岩波書店、一九九七年

宮武外骨
『宮武外骨著作集』全八巻、河出書房新社、一九八五―九二年
『宮武外骨・滑稽新聞』全六巻、筑摩書房、一九八五―八六年
吉野孝雄『宮武外骨』河出文庫、一九九二年
吉野孝雄『過激にして愛嬌あり 宮武外骨と滑稽新聞』ちくまぶっくす、一九八三年
吉野孝雄編『新編・予は危険人物なり 宮武外骨自叙伝』筑摩書房、一九九二年
吉野孝雄『宮武外骨 民権へのこだわり』吉川弘文館、二〇〇〇年

桐生悠々
太田雅夫編『新版 桐生悠々自伝 思い出るまま』新泉社、一九九一年
桐生悠々『畜生道の地球』中公文庫、一九八九年
桐生悠々『桐生悠々反軍論集』新泉社、一九八〇年
太田雅夫『評伝 桐生悠々 戦時下抵抗のジャーナリスト』不二出版、一九八七年
井出孫六『抵抗の新聞人 桐生悠々』岩波新書、一九八〇年
前田雄二『ペンは死なず 桐生悠々の生涯』時事通信社、一九六二年
須田禎一『ペンの自由を支えるために 若いジャーナリストへの提言』評論社、一九七一年

尾崎秀実
『尾崎秀実著作集』全五巻、勁草書房、一九七七―七九年
『現代史資料 ゾルゲ事件』全四巻、みすず書房、一九六二、七一年

尾崎秀樹編『回想の尾崎秀実』勁草書房、一九七九年
尾崎秀樹『ゾルゲ事件 尾崎秀実の理想と挫折』中公新書、一九六三年
風間道太郎『尾崎秀実伝』法政大学出版局、一九六八年
F・W・ディーキン、G・R・ストーリィ著、河合秀和訳『ゾルゲ追跡 リヒアルト・ゾルゲの時代と生涯』筑摩書房、一九八〇年
白井久也『未完のゾルゲ事件』恒文社、一九九四年

鈴木東民

鈴木東民『ナチスの国を見る』福田書房、一九三四年
鈴木東民『ディミトロフ ドイツ国会放火事件と法廷闘争』五月書房、一九四九年
鈴木東民『ふたつのベルリン』日本標準テキスト研究会、一九六二年
鈴木東民『ケエテ・コルヴィッツの日記』翻訳、刀江書院、一九六五年
鈴木東民『市長随想 東北の一隅から』刀江書院、一九六六年
鈴木東民『体制と叛乱 ヨーロッパ学生運動は燃える』ロルフ・ビグラー著、翻訳、新時代社、一九六九年
鈴木東民『ある町の公害物語 元釜石市長一二年のたたかい』東洋経済新報社、一九七三年
鎌田慧『反骨 鈴木東民の生涯』講談社文庫、一九九二年

むのたけじ

むのたけじ『たいまつ十六年』理論社、一九六四年

むのたけじ『雪と足と』文藝春秋新社、一九六四年
むのたけじ『ボロを旗として』番町書房、一九六六年
むのたけじ『詞集たいまつ　1―3』評論社、一九七六―八八年
むのたけじ『踏まれ石の返書』評論社、一九八三年

斎藤茂男

斎藤茂男『ルポルタージュ　日本の情景』全一二巻、岩波書店、一九九三―九四年
斎藤茂男『斎藤茂男取材ノート』全六巻、築地書館一九八九―九二年
斎藤茂男『現代を歩く』共同通信社、二〇〇一年
内橋克人、筑紫哲也、原寿雄編『斎藤茂男　ジャーナリズムの可能性』共同通信社、二〇〇一年

鎌田 慧

1938年青森県に生まれる
1964年早稲田大学文学部卒業
新聞記者，雑誌編集者などを経たのち，フリーのルポライターに
著書—『自動車絶望工場』(講談社文庫)
『教育工場の子どもたち』(講談社文庫)
『反骨 鈴木東民の生涯』(講談社文庫)
『ぼくが世の中に学んだこと』(ちくま文庫)
『鎌田慧の記録』(全6巻，岩波書店)
『日本の原発地帯』(岩波書店)
『六ヶ所村の記録』(岩波書店，講談社文庫)
『大杉榮 自由への疾走』(岩波書店)
『ドキュメント屠場』(岩波新書)
『現代社会100面相』(岩波ジュニア新書)ほか多数

反骨のジャーナリスト　　岩波新書(新赤版)808

2002年10月18日　第1刷発行

著 者　鎌田 慧(かまた さとし)

発行者　大塚信一

発行所　株式会社 岩波書店
〒101-8002 東京都千代田区一ツ橋2-5-5

電 話　案内 03-5210-4000　販売部 03-5210-4111
新書編集部 03-5210-4054
http://www.iwanami.co.jp/

印刷・精興社　カバー・半七印刷　製本・中永製本

ISBN 4-00-430808-9　　Printed in Japan

岩波新書創刊五十年、新版の発足に際して

岩波新書は、一九三八年一一月に創刊された。その前年、日本軍部は日中戦争の全面化を強行し、国際社会の指弾を招いた。しかし、アジアに覇を求めた日本は、言論思想の統制をきびしくし、世界大戦への道を歩み始めていた。出版を通して学術と社会に貢献・尽力することを終始希いつづけた岩波書店創業者は、この時流に抗して、岩波新書を創刊した。

創刊の辞は、道義の精神に則らない日本の行動を深憂し、権勢に媚び偏狭に傾く風潮と他を排撃する驕慢な思想を戒め、批判的精神と良心的行動に拠る文化日本の躍進を求めての出発であると謳っている。このような創刊の意は、戦時下においても時勢に迎合しない豊かな文化的教養の書を刊行し続けることによって、多数の読者に迎えられた。戦争は惨澹たる内外の犠牲を伴って終わり、戦時下に一時休刊の止むなきにいたった岩波新書も、一九四九年、装を赤版から青版に転じて、刊行を開始した。新しい社会を形成する気運の中で、自立的精神の糧を提供することを願っての再出発であった。赤版は一〇一点、青版は一千点の刊行を数えた。

一九七七年、岩波新書は、青版から黄版へ再び装を改めた。右の成果の上に、より一層の課題をこの叢書に課し、閉塞を排し、時代の精神を拓こうとする人々の要請に応えたいとする新たな意欲によるものであった。即ち、時代の様相は戦争直後とは全く一変し、国際的にも国内的にも大きな発展を遂げながらも、同時に混迷の度を深めて転換の時代を迎えたことを伝え、科学技術の発展と価値観の多元化は文明の意味が根本的に問い直される状況にあることを示していた。

その根源的な問は、今日に及んで、いっそう深刻である。圧倒的な人々の希いと真摯な努力にもかかわらず、地球社会は核時代の恐怖から解放されず、各地に戦火は止まず、飢えと貧窮は放置され、差別は克服されず人権侵害はつづけられている。科学技術の発展は新しい大きな可能性を生み、一方では、人間の良心の動揺につながろうとする側面を持っている。溢れる情報によって、かえって人々の現実認識は混乱に陥り、ユートピアを喪いはじめている。わが国にあっては、いまなおアジア民衆の信を得ないばかりか、近年にいたって再び独善偏狭に傾く惧れのあることを否定できない。

豊かにして勁い人間性に基づく文化の創出こそは、岩波新書が、その歩んできた同時代の現実にあって一貫して希い、目標としてきたところである。今日、その希いは最も切実である。岩波新書が創刊五十年・刊行点数一千五百点という画期を迎えて、三たび装を改めたのは、この切実な希いと、新世紀につながる時代に対応したいとするわれわれの自覚とによるものである。未来をになう若い世代の人々、現代社会に生きる男性・女性の読者、また創刊五十年の歴史を共に歩んできた経験豊かな年齢層の人々に、この叢書が一層の広がりをもって迎えられることを願って、初心に復し、飛躍を求めたいと思う。読者の皆様の御支持をねがってやまない。

（一九八八年一月）